FAB BOULEVARD
BAND 4

Sabine Huth und Cordula Rinsche

SCHLÖSSER, PARKS UND GÄRTEN

in Berlin und Brandenburg

FAB VERLAG

Die Deutsche Bibliothek – CIP Einheitsaufnahme
Sabine Huth, Cordula Rinsche: Schlösser, Parks
und Gärten in Berlin und Brandenburg
1. Auflage Berlin: FAB Verlag 1996

Unter Verwendung von Texten von
Alexandra Kleihues, Karoline Ohlmeier,
Uwe Prell und Heinz Werner

(FAB Boulevard Band 4)

1. Auflage 1996
2., aktualisierte Auflage 1996

Gestaltung und Satz: Irene Gahler
Lithografie, Druck und Bindung:
Medialis, Berlin
Printed in Germany
ISBN 3-927551-40-6

INHALT

EDITORIAL

„Mißtraut den Grünanlagen!" – diesem Schmähruf, der nicht zuletzt immer wieder Berliner Intellektuellen gern über die Lippen kommt, folgen wir nicht. Im Gegenteil, denn die Parks in Berlin-Brandenburg sind weitaus mehr als verzierendes Grün – sie sind ein Spiegel prägender gesellschaftlicher Grundströmungen: Künden die imponierenden Anlagen von > SANSSOUCI vom Selbstverständnis der überkommenen preußischen Monarchie, so transportieren verspielt-romantische Anlagen wie > KLEIN-GLIENICKE und der > BRANITZER PARK den befreienden Traum preußischer Aufklärer in die Gegenwart, und die großen Berliner Stadtparks wie der > VOLKSPARK FRIEDRICHSHAIN erinnern an die sozialdemokratischen Ideen der breiten Volksbildung.

Wenn es stimmt, daß Gärten in Landschaft gegossene Träume sind, dann fällt in der Region Berlin-Brandenburg die ungewöhnliche Dichte an Schloß- und Parkanlagen auf. Woran liegt das? Wird hierzulande mehr geträumt als andernorts? Der berühmte Potsdamer Gärtner Karl Foerster weiß eine Antwort: „Wer Träume verwirklichen will, muß wach sein und tiefer träumen als andere."

Lassen wir also nicht allein den kunsthistorischen und heimatkundlich geübten Blick schweifen, nehmen wir die Schlösser, Parks und Gärten in einer anderen Weise unter die Lupe: Was gibt es neben all den bekannten und hinreichend beschriebenen Kunstschätzen und architektonischen Qualitäten noch zu entdecken in den mehr als 400 Anlagen der Region? Es finden sich vor allem Geschichten – Geschichten von edlen und weniger edlen Menschen (> KLEIN GLIENICKE), von hochfliegenden Plänen und tragischen Schicksalen (> BRANITZER PARK), von denkwürdigen Liebesaffären (> GUTSHAUS WIEPERSDORF) und groß gemeinter Politik (> STADTSCHLOSS), von auf Repräsentation bedachten Unternehmern (> SIEMENS-VILLA) und zweifelhaften Baronen (> SCHLOSS BIESDORF). Nicht zu vergessen: die kuriosen Schauergeschichten mit kauzigen Schloßherren und mysteriösen Todesfällen (> SCHLOSS PETZOW).

Zwei Namen sind dabei stets in auffallender Weise präsent: Peter Joseph Lenné und Karl Friedrich Schinkel. Fast scheint es, als hätten der Gartenkünstler und der Baumeister die gesamte Region okkupiert, um sie nach ihrem Vorbild aufklärerisch zu verschönen. En gros schufen sie Neues oder gestalteten Vorhandenes um, fast immer nach ihrem so zeitgemäßen wie erfolgreichen Muster: Barockgarten raus – Landschaftspark und Klassizismus rein. Allein schon die Menge nötigt jedem Betrachter Respekt ab, und noch 150 Jahre nach ihrem Tod ist es erstaunlich, wie ihre Werke die Menschen in den Bann ziehen. Vielleicht liegt das auch daran, daß sie wohl zur letzten Generation gehörten, die noch glauben durfte, die Welt ließe sich verbessern durch einfallsreiche Landschaftsplanung und qualitativ hochwertige Architektur: „Wer Träume verwirklichen will …“

Schlösser, Parks und Gärten ist der erste Führer durch die gesamte Region Berlin-Brandenburg. In hundert Texten präsentiert er eine zwangsläufig subjektive, aber dennoch repräsentative Auswahl von rund 250 Anlagen. Fünf Kapitel fassen Textgruppen zusammen, wobei die Übergänge fließend sind. Denn längst nicht alles, was sich Schloß nennt, ist auch eines. In die Mehrzahl jener Gemäuer hat nie ein gekröntes Haupt seinen Fuß gesetzt, geschweige denn dort Regierungsgewalt ausgeübt; und nicht weniges, was sich Lustgarten nennt, bietet das genaue Gegenteil von dem, was der Name verheißt.

Wir haben uns deshalb neben der kunsthistorischen Literatur vor allem auf die eigene Anschauung verlassen und das Land ausgiebig bereist. Das weitet den oft eng auf „das Schloß" fixierten Blick. Deshalb ist dem einleitenden „Schlösserkapitel" ein Abschnitt über die Berliner „Großstadtparks" und ein kurzer Ausflug zu den besonderen Anlagen für Pflanzen- und Tierfreunde zur Seite gestellt: „Tierparks und Botanische Gärten". Die „Lustgärten, Landschafts- und Freizeitparks" versammeln im vierten Kapitel Beispiele, deren besondere Nutzung, die ungewöhnliche Gestaltung oder die verwickelte Geschichte zum Besuch animieren. Wer mit wachem Blick durch das Land fährt, dem kann schließlich nicht entgehen, daß zahlreiche Villen und Palais die „echten" und „unechten" Schlösser an Größe und Pracht bei weitem übertreffen. Den Abschluß bildet deshalb ein Kapitel mit 20 Porträts schloßartiger Anwesen der Region.

Der Serviceteil bietet eine Reihe ergänzender Informationen und das bewährte, themenvernetzende Verweissystem, das inhaltliche Zusammenhänge herstellt und Besonderheiten hervorhebt. Orts-, Personen- und Schlagwortregister garantieren raschen Zugriff und machen den Band zum handlichen Kompendium der Berlin-Brandenburger Parkkultur.

Den einzelnen Texten sind zahlreiche Informationen beigegeben. Zur leichteren Orientierung haben wir folgende Pictogramme verwendet, ohne daß damit schon eine Aussage über die Qualität, etwa der vorhandenen Gastronomie, verbunden ist.

Lage, Adresse	Eintritt
Telefon	Spielplatz
S-Bahn	Tiergehege
U-Bahn	Freilichtbühne
Straßenbahn	Rodelbahn
Bus	Aussicht
Öffnungszeiten	Gastronomie

Alle Angaben wurden im Frühjahr 1996 recherchiert. Da laufend mit Änderungen zu rechnen ist, kann keine Gewähr übernommen werden. Aktuelle Karten und Stadtpläne sowie ein vorheriger Anruf bei aufwendigeren Ausflügen verstehen sich für professionelle Parktouristen von selbst. Ein Anruf lohnt übrigens fast immer: Die Damen und Herren der jeweiligen Schloß- oder Parkauskunft waren bei unseren Recherchen durchweg äußerst hilfsbereit und hatten in vielen Fällen zusätzliche interessante Tips zur Hand.

HERRENHÄUSER, SCHLÖSSER UND SCHLOSSPARKS

Gutshaus Lichterfelde
Gutshaus Steglitz
Gutshaus Wiepersdorf
Jagdschloß Caputh
Jagdschloß Glienicke
Jagdschloß Grunewald
Jagdschloß Hubertusstock
Jagdschloß Stern
Klein-Glienicke
Monbijoupark
Sanssouci
Schloß Babelsberg
Schloß Bellevue
Schloß Biesdorf
Schloß Boitzenburg
Schloß Britz
Schloß Buch
Schloß Cecilienhof und Neuer Garten
Schloß Charlottenburg
Schloß Friedrichsfelde
Schloß Königs Wusterhausen
Schloß Köpenick
Schloß Lindstedt
Schloß Neuhardenberg
Schloß Niederschönhausen
Schloß Oranienburg

Schloß Petzow
Schloß Rheinsberg
Schloß Tegel
Stadtschloß Berlin und Potsdam

GUTSHAUS LICHTERFELDE

➔ Hindenburgdamm 28, 12203 Berlin (Steglitz)
✆ 030 / 834 98 80
S Botanischer Garten, Bus 185
◐ Besichtigungen können telefonisch vereinbart werden

Eingerahmt vom stark befahrenen Hindenburgdamm, dem Uni-Klinikum Benjamin Franklin und dem *Teltowkanal* wirkt das preußischgelbe *Schloß Lichterfelde* wie versteckt, und der nicht Einheimische vermutet auf den ersten Blick gar kein Anwesen dieser Qualität und Größe. Zu bewundern ist ein im Kern frühklassizistischer Bau, dessen Grundsubstanz vermutlich auf die Zeit um 1780 zurückgeht. 1865 erwarb der Hamburger Immobilienhändler Johann Anton Wilhelm Carstenn das Areal und ließ das Gutshaus und den Park vollkommen neu gestalten.

Der niedrige Mittelteil des auch als *Carstenn-Schlößchen* bekannten Baus gehört wohl noch zu dem im späten 18. Jahrhundert erbauten Gutshaus, während die beiden höheren, dreiachsigen Seitenanbauten neu hinzukamen. Auffälligstes Stilelement sind hier die repräsentativen Bogenfenster im zweiten Stockwerk.

An der Rückseite öffnet sich eine Tür auf die blumengeschmückte Terrasse, von der eine Treppe in den *Schloßpark* führt. Eine große, von alten Bäumen umsäumte Rasenfläche nimmt den größten Teil des Parks ein, der auch einen neu gestalteten Spielplatz mit Holzklettergerüst, Rutsche, Schaukeln und einer kleinen Wasserpumpe beherbergt. Ursprünglich reichte der Park bis zum Ostpreußendamm, wurde aber beim Bau des Teltowkanals 1905 um ein größeres Areal verkürzt. Von dem noch verbliebenen Gelände wurde inzwischen ungefähr die Hälfte als Naturschutzgebiet ausgewiesen. Dieser eingezäunte Teil ist heute vollkommen verwildert und erinnert mehr an einen Urwald. In dem seit 1925 staatlichen Besitz sind heute der „Kindergarten im Schlößchen", ein Nachbarschaftsheim sowie die Archäologische Sammlung und das Archiv zur Geschichte des Baus untergebracht.

GUTSHAUS STEGLITZ

Schloßstraße 48, 12165 Berlin (Steglitz)
030 / 797 39 86
U S Rathaus Steglitz, Bus 148, 183, 185, 186, 188, 280, 285, 383
an Ausstellungstagen Do-Di 10-18 Uhr, Mi 10-19 Uhr, Mo geschlossen je nach Ausstellung

Das auch unter den Bezeichnungen *Wrangel-Schlößchen, Herrenhaus Beyme* oder *Schloß Steglitz* bekannte Gutshaus befindet sich nicht an einem Ort, an dem es angemessen zur Geltung kommt. In unmittelbarer Nähe befindet sich der zu jeder Tages- und Nachtzeit stark befahrene Steglitzer Verkehrsknotenpunkt mit mehreren Hauptverkehrsstraßen und einer Autobahnauffahrt.

Auch wenn das Gutshaus, das zusammen mit dem *Schloßpark-Theater* und dem Kino *Adria* ein gelungenes Ensemble bildet, im Schatten des (für Berliner Verhältnisse) übermächtigen „Wolkenkratzers" Steglitzer Kreisel steht, lohnt der Besuch dieses bezirklichen Kulturzentrums allemal. Nach Abschluß der langjährigen Restaurierungsarbeiten, wobei versucht wurde, den Originalzustand weitgehend wiederherzustellen, ist Schloß Steglitz seit 1995 wieder geöffnet. Das Kunstamt veranstaltet dort Ausstellungen, Lesungen und Konzerte.

1804 als Herrenhaus des Gutes Steglitz nach Plänen von David Gilly, einem Lehrer Schinkels, für den Kabinettsrat Carl Friedrich von Beyme erbaut, ist das Anwesen eines der wenigen erhaltenen, gut restaurierten Beispiele frühklassizistischer Architektur in Berlin. Besonders markant ist der Portikus an der Hauptfassade mit dem darüber gelegenen Balkon. Der einst hinter dem Herrenhaus gelegene *Schloßpark* ist heute nicht mehr vorhanden; dort befindet sich jetzt das „Adria".

Die Bezeichnung „Wrangel-Schlößchen" ist zwar vielen noch als Name der einst dort ansässigen Restauration geläufig, seine Herkunft ist allerdings weitaus weniger bekannt. Der Name verweist auf den wohl bekanntesten Bewohner des Anwesens, den Generalfeldmarschall Friedrich Heinrich Ernst Graf von Wrangel, der hier ab 1853 seine Sommerfrische verbrachte. Er war ein so reaktionärer wie eigensinniger Sproß der in der deutschen Militärgeschichte sehr präsenten Familie von Wrangel und hatte wesentlichen Anteil an der Niederschlagung der 48er-Revolution. In der Nacht vom 9. zum 10. November 1848 ließ von Wrangel seine Truppen in Berlin einmarschieren und verhängte zwei Tage später den Belagerungszustand über die Stadt. Seine Soldaten verjagten am 15. November die konstituierende Versammlung – ein Staatsstreich, der alle Ansätze zur Verfassungsreform und Demokratisierung beseitigte. Dennoch wurde von Wrangel zur Berliner Legende: Noch im hohen Alter ritt der rüstige General durch Berlin und warf Münzen unters Volk; seine Taten von 1848 gerieten in Vergessenheit, und drei Jahre nach seinem Tod 1877 setzte man ihm sogar ein Denkmal am Leipziger Platz.

GUTSHAUS WIEPERSDORF

Bettina-von-Arnim-Straße 13, 14913 Wiepersdorf
033746 / 69 90
Sa, So 14-16.30 Uhr DM 2,-

Es gibt viele Möglichkeiten, sich dem auch als *Schloß Wiepersdorf* bekannten Anwesen zu nähern: Eine Wegbeschreibung zum in der Tat „jottwede" gelegenen und – nomen est omen – für General von Einsiedel erbauten Anwesen erscheint aber angesichts der Wiepersdorfer Vergangenheit ebenso unangebracht wie eine klassische Architekturkunde (zweigeschossiger Putzbau mit eingeschossigen Flügeln usw.). Angemessen hingegen ist eine der poetischsten Annäherungen, wie jene aus der Feder der Dichterin *Sarah Kirsch*:

„Hinter Jüterbog öffneten sich
der erste, der zweite Himmel, ließen herab-
strömen, was sich gesammelt hat (...).
Später in Wiepersdorf, als zwischen zwei
Windhosen die Möglichkeit war sich zu ergehen
Das liebe freie Land
Recht ins Auge zu fassen, war Freude
Freude. Die schönen Fenster im Malsaal
Öfters sechs mal vier kleine Scheiben, die Flügel
von zierlichen Knebeln gehalten. Innen
Bizarres alles schlängelndes zipfelbemütztes
Kakteengewirr, außen
Maifrischer Park."

Schloß Wiepersdorf – ein Dichterrefugium, um das sich zahlreiche Geschichten ranken, die ausführlich zu erzählen ein Spaziergang kaum ausreichen dürfte. Die skurrilste ist vielleicht die der Eheschließung zwischen dem Dichter Achim von Arnim und Bettina Brentano, Schwester des Dichters Clemens Brentano und selbst schriftstellerisch tätig. Von Arnims Großmutter, die Besitzerin von Wiepersdorf, ließ in ihr Testament die sonderbare Klausel aufnehmen, nach der das Anwesen erst dann ihren Enkeln übereignet werden sollte, wenn diese geheiratet und Kinder in die Welt gesetzt hätten. Der Plan ging auf: Unmittelbar nach der Testamenteröffnung hielt Achim von Arnim um die Hand Bettinas an und wenige Jahre später waren die beiden von einer siebenköpfigen Kinderschar umringt.

Wiepersdorf steht aber nicht nur für reichen Kindersegen, sondern auch für große Literatur. Achim von Arnims Novellensammlung mit dem bezeichnenden Titel „Landhausleben" ist ebenso mit dem Ort verbunden wie die Volksliedersammlung „Des Knaben Wunderhorn". Auch in diesem Jahrhundert blieb Wiepersdorf ein begehrter Ort der Literatur. Sarah Kirsch, Anna Seghers, Johannes R. Becher, Christoph Meckel und viele andere trafen sich hier, diskutierten, stritten und schrieben Gedichte.

Den gewöhnlichen Sterblichen war das kleine Anwesen nur zum Teil zugänglich. Als aber die ganze Anlage um 1880 von einem Enkel der Arnims umgestaltet wurde, entstand bei dieser Gelegenehit auch die *Orangerie,* in der während der warmen Jahreszeiten ein Café geöffnet hat. Das im 16. Jahrhundert erbaute Haus selbst ist heute eine Arbeits- und Erholungsstätte für Schriftsteller, Maler und Komponisten, die unter dem schönen Namen *Künstlerhaus Schloß Wiepersdorf* firmiert. Auch wenn das Gutshaus nicht öffentlich zugänglich ist, empfiehlt es sich durch den schönen, hinter dem Schloß gelegenen Kaffeegarten zu lustwandeln. Er verführt zum Verweilen und zum Lesen – vielleicht aus Sarah Kirschs wunderbarem Gedichtzyklus.

JAGDSCHLOSS CAPUTH

➔ Straße der Einheit, 14548 Caputh
Wegen Renovierung geschlossen. Der Garten soll frühestens 1997 wiedereröffnet werden. Informationen über das Verkehrsbüro Caputh ☎ 033209 / 708 86

Das malerisch von *Schwielow-* und *Templiner See* eingerahmte Örtchen Caputh, in dem sich auch die *Villa Albert Einsteins* befindet, ist eines der schönsten Ausflugsziele rund um Potsdam. Berühmt ist die Fähre über die *Havel*, die im Sommer pro Fahrt bestimmt zehn Autos und mehrere Hundertschaften Spaziergänger trockenen Fußes übersetzt. Direkt am Templiner See befindet sich eben jenes kleine Jagdschloß, das Philipp de la Chièze dort 1662 errichten ließ. Die Kurfürstin Dorothea nutzte es ab 1673 als Sommerresidenz und ließ es zu einer dreiflügeligen Anlage erweitern. Friedrich III. schenkte es dann seiner Frau, Sophie Charlotte, und ließ weitere Anbauten vornehmen.

Friedrich I. besuchte Caputh des öfteren auf dem Wasserwege und ging mitsamt seinem goldenen Prunkschiff am Schloß vor Anker. Der 5 ha große *Schloßpark* hatte ursprünglich barocke Züge, wurde aber von Peter Joseph Lenné 1820 in einen Landschaftspark verwandelt.

Von der einst prachtvollen Innenausstattung sind der Festsaal mit Deckenbild und Stuckfries sowie der Kurfürstin Räume mit Bemalungen erhalten. Besonders bemerkenswert ist der kühle Sommerspeisesaal im Souterrain, der mit rund 7.000 blau-weißen Delfter Kacheln verkleidet ist. Nachdem zu DDR-Zeiten dort eine Berufsschule untergebracht war, wird das Anwesen derzeit restauriert. Die Gemeinde nutzt das Schloß bereits und bat so im August 1995 erstmals zum Abschluß der „Caputher Musiken" in den Hof.

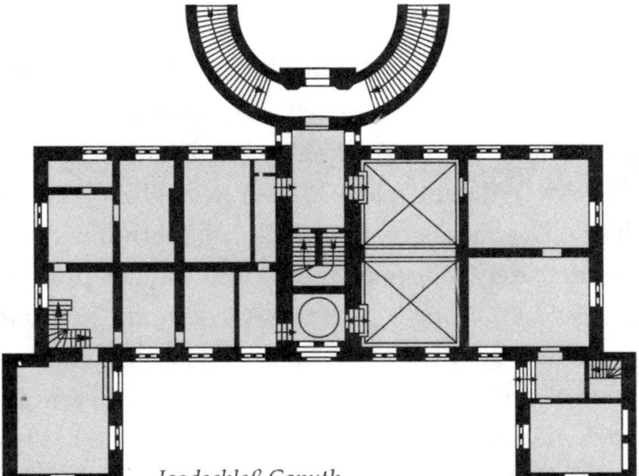

Jagdschloß Caputh

JAGDSCHLOSS GLIENICKE

→ Königstraße 368, 14109 Berlin (Zehlendorf)
☎ 030 / 80 50 10
S Wannsee, dann Bus 116
◷ nicht öffentlich zugänglich

An der Stadtgrenze Berlins, nahe der Glienicker Brücke, liegt etwas versteckt das Jagdschloß Glienicke. Es entstand 1683 im Auftrag des Großen Kurfürsten, Friedrich Wilhelm, nach Plänen von Philipp de la Chièze. Das im ersten Drittel des 18. Jahrhunderts in unmittelbarer Nähe neu erbaute und weitaus prächtigere *Schloß Glienicke* (> KLEIN-GLIENICKE) ließ das Jagdschloß deutlich in den Hintergrund treten, was nicht zuletzt seine spätere Nutzung, unter anderem als Tapetenfabrik und Waisenhaus, dokumentiert. 1859 erwarb Prinz Carl von Preußen das Anwesen für seinen Sohn Friedrich Carl, und der Hofarchitekt Ferdinand von Arnim baute es im französischen Barockstil um. Der Turm und eine Aufstockung des Mittelbaus kamen 1889 hinzu (Alfred Geyer).

Bemerkenswerter als das Jagdschloß selbst ist der 1860-62 von Peter Joseph Lenné gestaltete *Schloßpark*. Obwohl durch die Königsstraße von Klein-Glienicke getrennt, gehört er konzeptionell zum Pleasureground von Schloß Glienicke. Erst von dort aus erschließen sich die großartigen Sichtachsen nach Potsdam, die Lenné über den Jagdschloßpark hinausführte. Im 20. Jahrhundert ging diese Grundidee durch den Ausbau der Königsstraße, die Überformung des Areals und die willkürlichn Pflanzungen weitgehend verloren. Erst eine grundlegende Umgestaltung des Parks, bei der unter anderem über 8.000 m^3 Boden abgetragen und der inzwischen zugeschüttete Teich rekonstruiert wurden, ließ das ursprüngliche Raumgefüge wieder erkennbar werden.

Während der Park öffentlich zugänglich ist, beherbergen die Schloßbauten heute die *Internationale Begegnungsstätte Jagdschloß Glienicke* für Jugendliche. In den Nebengebäuden ist die *Heimvolkshochschule Jagdschloß Glienicke* untergebracht.

JAGDSCHLOSS GRUNEWALD

Hüttenweg 100, 14193 Berlin (Zehlendorf)
030 / 813 35 97
Bus 115, 183
Schloß und **Jagdmuseum:** Mitte Oktober - 11. Mai, Sa und So 10-16 Uhr; 12. Mai - Mitte Oktober, Di-So 10-17 Uhr; Pause von 13 bis 13.30 Uhr; Mo geschlossen; **Waldmuseum:** Di-Fr 10-14 Uhr, Sa, So 11-16 Uhr, Mo geschlossen
Schloß und **Jagdmuseum:** DM 2,50 **Waldmuseum:** DM 2,-

Wer sich zu einem Abstecher in das traditionelle Berliner Ausflugsgebiet *Grunewald* entschließt, sollte unbedingt einen Besuch des Jagdschlosses einplanen. Von der Pücklerstraße aus (Bushaltestelle und Parkmöglichkeit) ist es nur ein kurzer Fußweg bis zum Ostufer des *Grunewaldsees*. Aus dem Wald kommend, erblickt der Spaziergänger zunächst die Rückfront eines der

Nebengebäude, die das eigentliche Schlößchen umschließen. Durch ein schmales Portal betritt man den gepflasterten Innenhof. Rechter Hand liegt das 1770 unter Friedrich dem Großen errichtete *Jagdzeugmagazin*, das seit 1977 die *Jagdkundliche Sammlung* beherbergt. Hier sind neben Waffen, hauptsächlich aus der Sammlung des Prinzen Carl von Preußen, Jagdgemälde und -stiche sowie Kunstgewerbe und Geweihe zu sehen. In einem weiteren Nebengebäude ist das *Waldmuseum* der Schutzgemeinschaft Deutscher Wald untergebracht.

Das Jagdschloß ist ein schlichter dreigeschossiger Barockbau, an den sich zum See hin zwei quadratische Querflügel anschließen. Sofort fallen der zweigeschossige Vorbau und der markante, sechseckige Treppenturm ins Auge, über den der Besucher ins Innere gelangt.

Das Anwesen entstand im 16. Jahrhundert als eines von vielen Schlössern, die der jagdbegeisterte Kurfürst Joachim II. Hektor rund um die Residenz Berlin errichten ließ. Caspar Theyss, dem bekanntesten Renaissancebaumeister Berlins, wird der Ursprungsbau zugeschrieben. 1537/38 hatte ihn der Kurfürst nach Berlin geholt, und zeitgleich mit seinen Arbeiten am > STADTSCHLOSS entstand 1542/43 im Grunewald ein Renaissanceschlößchen mit Wassergraben.

Die Planung der Nebengebäude übernahm knapp vierzig Jahre später Rochus Graf zu Lynar – einer der seltsamsten und denkwürdigsten Köpfe, die je in Berlin gewirkt haben. Der Festungsbau-Ingenieur, Offizier, Diplomat, Höfling und Geschäftsmann war 1567 einer der Anführer des Hugenottenaufstandes in Metz, das er nach dessen Scheitern eiligst verließ. Nach mehreren Zwischenstationen gelangte er 1578 nach Berlin und leitete die Baumaßnahmen am Stadtschloß und am Jagdschloß Grunewald.

Anfang des 17. Jahrhunderts erfolgte ein grundlegender Umbau durch Martin Grünberg und Georg Heinrich Behr. Das Schloß wurde aufgestockt und mit einem einheitlichen Mansardendach versehen, die Fenster vergrößert, die Fassade verputzt und das Innere neu gestaltet. Der Name des Anwesens, „Zum grünen Walde", übertrug sich im Laufe der Zeit auch auf das umliegende Waldgebiet, den heutigen Grunewald. Nach Wiedereinführung der Parforcejagd in Preußen 1828 erhielt das Gebäude erneut eine andere Innenausstattung und wurde intensiv als Jagdschloß genutzt. Mit der Einstellung des Jagdbetriebs 1903 geriet die kleine Anlage etwas in Vergessenheit. Erst 1932 wurde sie als Dependance der *Gemäldegalerie* der Öffentlichkeit zugänglich und zeigte Bestände der Schlösserverwaltung.

Eine umfassende Renovierung der Innenräume förderte 1973 überraschend Teile aus der Zeit der Erbauung zutage. Hinter einer nachträglich eingezogenen Zwischenwand verbarg sich eine Arkade, und unter der barocken Stuckdecke tauchte eine Renaissancedecke mit Kassettenornamentik auf. Der Große Saal mit bemalter Holzdecke und rekonstruiertem Fliesenboden ist heute der einzige erhaltene Renaissanceraum in Berlin. Die übrigen Räume präsentieren sich im Stil des 18. Jahrhunderts mit schlichten, aber kraftvollen

Stuckdecken. Sie harmonieren in idealer Weise mit den Möbeln aus verschiedenen Stilepochen. Glanzstück aber ist die rund 200 Arbeiten umfassende Sammlung von Gemälden aus dem 16. bis 19. Jahrhundert, die vor allem aus dem im II. Weltkrieg zerstörten *Schloß Monbijou* stammt. (> MONBIJOUPARK) Darunter befinden sich Meisterwerke aus der Rembrandt-Schule und der Cranach-Werkstatt, etwa das berühmte, hellfarbige Porträt Joachims II. von Lucas Cranach dem Jüngeren, das den Herrscher in despotischer Haltung mit reichem Schmuck zeigt. Der ehemalige Reitweg vom Berliner Stadtschloß zum Jagdschloß Grunewald, inzwischen als „Kurfürstendamm" weitaus berühmter als das Schloß selbst, sieht heute nur noch selten Pferde. Allenfalls das nie verstummende Hundegebell auf der populärsten „Auslaufstrecke" des Berliner Westens weckt noch Ahnungen von den lärmenden Jagdgesellschaften des vergangenen Jahrhunderts.

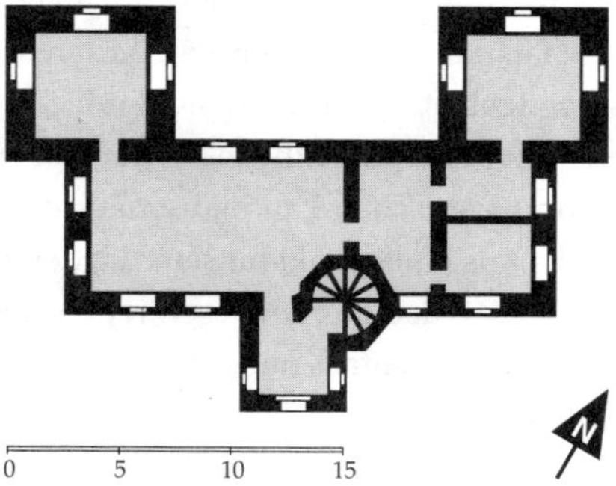

Jagdschloß Grunewald

JAGDSCHLOSS HUBERTUSSTOCK

Hotel Jagdschloß Hubertusstock: 16244 Eichhorst
033363 / 500

Den Reiz der weitläufigen *Schorfheide* mit ihrem reichen Wildbestand haben schon viele Persönlichkeiten erkannt. In erstaunlicher Kontinuität wird der Forst seit dem 19. Jahrhundert von Fürsten, Monarchen, Präsidenten, Staatsratsvorsitzenden und anderen Politikern als Jagdgebiet genutzt. Als „Entdecker" der Schorfheide gilt Friedrich Wilhelm IV., der hier 1847-49 einen Sitz im bayerischen Landhausstil erbauen ließ und fortan als Ausgangspunkt für seine Jagden nutzte. Kaiser Wilhelm II. ließ das Anwesen repräsentativer ausbauen und hielt ebenfalls mit großem Gefolge Jagdgesellschaften ab.

1918 besetzte der Arbeiter- und Soldatenrat Joachimstal kurzfristig das Schloß. Hermann Göring, der unter anderem das Amt des Reichsjägermeisters innehatte, wollte Hubertusstock zunächst nutzen, besann sich dann aber anders und ließ nicht allzu weit entfernt Karinhall errichten. Hier soll er erhebliche Mengen geraubter Kunstschätze gelagert haben, was in späteren Jahren immer wieder zu Schatzsuch-Aktionen führte. Von Karinhall ist heute nichts mehr zu sehen: Die SS sprengte es 1945.

Die DDR betrieb in Hubertusstock zunächst ein Erholungsheim für NVA-Offiziere, bevor es 1972 renoviert und umgebaut wurde. Einige Gebäude im Fachwerkstil riß man ab, im Park entstanden neue Bauten. Die Regierung nutzte das Anwesen fortan als Gästehaus, und auch Bundeskanzler Helmut Schmidt hat sich hier aufgehalten. Die Führungsriege der DDR amüsierte sich gerne bei der Jagd, was zur weiträumigen Abriegelung der Schorfheide führte. Um den älteren Herren das Jagen zu erleichtern, hegte und pflegte man derart viele Tiere, daß ein Jagderfolg ständig garantiert war.

Wer bei einem Spaziergang am *Werbellinsee* das Schloß besichtigen möchte, sollte gefaßt sein auf eine merkwürdige Mixtur aus bayerischem Voralpenstil mit holzverkleideter Galerie und Geweihen am Giebel einerseits und DDR-typischem Schick andererseits, der sich in einer sehr profanen Eingangstür und entsprechenden Beleuchtungselementen manifestiert. Besonders reizend ist der vor dem Gebäude plazierte bronzene Hirsch, der den Besucher gebieterisch-röhrend an die „denkwürdige" Vergangenheit des Ortes erinnert.

JAGDSCHLOSS STERN

Jagdhausstraße 32, 14480 Potsdam 0331 / 122 44
Tram 92, 96 Bus 601, 602, 603, 690, 969
11. Mai - 13. Oktober, Sa und So 10-17 Uhr, Pause 12-13 Uhr DM 2,-

Für den schmalen roten Backsteinbau am Rande des Potsdamer Neubaugebietes „Am Stern" scheint die Bezeichnung Schloß wahrlich nicht gerechtfertigt. Das Gebäude ähnelt mehr einem schlichten holländischen Wohnhaus und könnte genausogut im *Holländischen Viertel* in Potsdam stehen. Aber gerade die Schlichtheit des Baus war ganz nach dem Geschmack seines Bauherrn, des strengen „Soldatenkönigs" Friedrich Wilhelm I. Prunk und feine Sitten verachtend, ließ sich der Vater Friedrich des Großen als einziger König der

Hohenzollern kein Lustschloß errichten. Während rund 100 Jahre später eine Sommerresidenz nach der anderen in der Potsdamer Landschaft entstand, beschränkte sich Friedrich Wilhelms Interesse hauptsächlich auf die Jagdtauglichkeit der Gegend.

Besonders beliebt waren zu jener Zeit Parforcejagden, in denen das von der Meute aufgespürte Wild mit dem Pferd verfolgt und mit Gewalt (par force) erlegt wurde. Das hügelige Gelände der Potsdamer Tiergärten war dafür ungeeignet, und deshalb ließ der Landesherr ab 1725 das Waldgebiet östlich des Dorfes Drewitz einzäunen und mit Schneisen durchziehen, die sich auf einem runden Sternplatz trafen. Am Ostrand des Platzes entstand 1730/31 nach Plänen von Pierre de la Gayette das schlichte Jagdhaus. Fast die Hälfte des Baus nimmt der Saal ein, in dem Friedrich nach wilder Jagd und deftigem Mahl die Tabakspfeife anbot; daneben gibt es Küche, Flur, Adjutantenzimmer und einen Schlafraum.

Nach dem Tod des Soldatenkönigs war das Jagdschloß lange Zeit ungenutzt, erst Prinz Karl, der Sohn Friedrich Wilhelms II., ließ 1828 die Parforcejagden wieder aufleben. Eingezwängt zwischen Plattenbauten und der Bundesautobahn, haben neben dem Schloß auch ein Teil der Schneisen und das zeitgleich erbaute Kastellanhaus überlebt. Hier läßt es sich in Erinnerung an den gestrengen König märkisch schlicht speisen, auch das Tabakspfeifchen danach wird einem niemand verwehren.

KLEIN-GLIENICKE

Königstraße 36, 14109 Berlin (Zehlendorf)
030 / 805 30 41
S Wannsee, dann Bus 116 Tram 93
Sa und So 10-17 Uhr DM 3,-

Das am äußersten südwestlichen Zipfel Berlins gelegene Klein-Glienicke bildet mit dem in unmittelbarer Nachbarschaft gelegenen > JAGDSCHLOSS GLIENICKE, dem > SCHLOSS BABELSBERG sowie der > PFAUENINSEL und dem *Schloß Sacrow* jenseits der *Havel* eines der baulich wie landschaftsgärtnerisch reizvollsten Ensembles der Region. Es strahlt eine wohltuende, mediterrane Heiterkeit aus, die an diesem Ort geradezu verblüffend wirkt. Das Gelände beherbergte ursprünglich ein Landgut. Der große preußische Reformer, Außenpolitiker und Staatskanzler Fürst Karl August von Hardenberg erwarb es 1814 und beauftragte den jungen Gärtnergesellen Peter Joseph Lenné 1816 mit der Gestaltung des zwischen Haus und Havelbrücke gelegenen Gutsgartens – Lennés erste, große Arbeit in Preußen.

Nach dem Tode Hardenbergs erwarb Prinz Carl von Preußen 1824 das Anwesen und ließ Lenné weitere gärtnerische Gestaltungen des riesigen Geländes vornehmen. Wichtiges gestalterisches Element war die Schaffung von Sichtbezügen und -achsen, die alle Anlagen der Umgebung einbezogen. Zudem wurde die gesamte Bausubstanz von Karl Friedrich Schinkel und durch seine Schüler, Ludwig Persius und Ferdinand von Arnim, grundlegend verändert und zahlreiche neue Gebäude errichtet. Die Neugestaltung folgte der Idee, eine Art „italienischen Landsitz" zu schaffen, den im Norden „alpine" und „englische" Gefilde umrahmten. Italiens Ideale – die Wiege der abendländischen Kultur – in den europäischen Norden zu verpflanzen, das waren die Träume der Aufklärer der ersten Hälfte der 18. Jahrhunderts. Die zahlreichen, in die Außenmauern eingelassenen Architektur- und Skulpturenfragmente, die Carl während einer Italienreise mit seinem Bruder 1822 gesammelt hatte, zeugen noch heute von dieser Leidenschaft.

Nach dem Tode des Prinzen 1883 wurde das Anwesen zu völlig unterschiedlichen Zwecken genutzt. Zeitweise war es Lazarett und Versehrtenheim, später Hotel und schließlich Volkshochschule. Durch Kriegsschäden stark in Mitleidenschaft gezogen, wurden

1950 erste Erneuerungen an den Gebäuden vorgenommen. Die Parklandschaft kam 1952 unter Landschaftsschutz, und seit 1982 steht das gesamte Ensemble unter Denkmalschutz.

Wer sich der Anlage über den Haupteingang von der Königstraße aus nähert, sieht zuerst linker Hand die von Schinkel gestaltete vergoldete *Löwenfontäne,* die der Meister 1835-37 nach einem Vorbild der *Villa Medici* in Rom geschaffen hat. Links davon liegt die *Kleine Neugierde,* ein gleichfalls von Schinkel 1825 erbautes Haus mit einem bemerkenswerten Grabmalrelief aus dem 3. bis 5. Jahrhundert. Von hier aus ließ sich das Treiben auf der Chaussee beobachten, ohne selbst erkannt zu werden. Rechts von der Fontäne liegt das sogenannte *Stibadium,* ein nach altrömischem Vorbild gestalteter überdachter Sitzplatz mit Rundbank.

In leichter Hanglage sieht der Betrachter nun das Schloß. Das zweistöckige Gebäude mit asymmetrischem Mittelrisalit und vorgelagertem Balkon hat nach Süden einen Gartenhof, der es über eine Pergola mit dem *Kavalierhaus* und den Remisen verbindet. Im Schloß finden wechselnde Ausstellungen statt. Im gepflasterten Hof der Remisen kann man es sich im Sommer an Biergartentischen gutgehen lassen, in den Räumen und auf einer dahinter gelegenen kleinen Terrasse bewirtet Maître Franz Raneburger die Besucher mit Köstlichkeiten. Wer das bauliche Ensemble umrundet, dem bietet sich ein schöner Blick auf die sanft abfallende, durchdacht gestaltete Gartenanlage. Dieser Teil des riesigen Anwesenvs ist der von Lenné angelegte Pleasureground.

Nahe der Glienicker Brücke liegt die in Anlehnung an das *Denkmal des Lysikrates* in Athen erbaute *Große Neugierde,* ein runder Säulenpavillon mit Blick auf die Brücke. Nördlich davon befindet sich Schinkels zweistöckiges *Kasino* (1835-37) mit flankierenden Pergolen und schöner Sicht auf die *Havel*. Näher zum Schloß gelegen sind der *Klosterhof* (1850, Ferdinand von Arnim) sowie die 1839 von Persius erbaute *Orangerie*.

Weiter in nördlicher Richtung verändert sich das Bild des in den 80er Jahren aufwendig nach Lennés Ideen wiederhergestellten Parks: Hier dominiert eine großzügige, waldähnliche Gestaltung. In diesem Teil der Anlage sind das von Persius erbaute *Hofgärtnerhaus* und das *Maschinenhaus* mit Wasserturm zu finden. Anschließend lockt eine alpine Parklandschaft mit *Teufelsschlucht*, Wasserfall und darüber gespannter *Teufelsbrücke*. Ganz im Stil der Zeit war die Brücke ursprünglich als eine Art Ruine gestaltet. Die Nationalsozialisten ließen die Brücke „reparieren", heute ist sie wieder in den Originalzustand gebracht.

Im Norden befinden sich schließlich der an englische Cottages erinnernde *Jägerhof* und als ein weiterer Zugang das *Jägertor*. Von dieser Stelle aus hat man wiederum einen herrlichen Ausblick auf den *Pfingstberg*, die *Sacrower Heilandskirche* und die Pfaueninsel. Nun lohnt es sich, zur *Moorlake* zu schlendern, um die lange Tour vielleicht mit einer Pause im reizvoll gelegenen Gasthaus gleichen Namens zu unterbrechen, das preislich allerdings gleich noch einmal an die außergewöhnliche Lage erinnert.

Zurück geht es durch die „Karpaten", wie Prinz Carl das Gelände in leichter Übertreibung taufte, durch Berg und Tal, vorbei an *Märchenteich* und großem *Wildgehege* zum südöstlichen Teil der Gartenlandschaft. Hier laden riesige Wiesen mit schattenspendenden, imponierenden Bäumen zur Sommerfrische. Dieser nahe an der Königstraße gelegene Abschnitt wird vor allem in den warmen Monaten von vielen Berlinern und Brandenburgern besucht und für sportliche Aktivitäten oder auch nur zur Entspannung genutzt.

Zum Abschluß, am besten in der Abendsonne, sei die Besteigung des 66 m hohen *Böttcherberges* empfohlen. Man überquert die Königstraße und steigt die Anhöhe hinauf bis zur *Loggia Alexandra* (1869, Alexander Gilli). Die halbrunde, nach vorne hin offene Loggia ist der geheimnisvollste Ort der ganzen Gegend. Überdacht von riesigen Bäumen hat der Betrachter an lauen Sommerabenden den Eindruck, im Halbdunkel zu sitzen, wenn er in das weite, vor ihm liegende Land blickt.

MONBIJOUPARK

→ zwischen Oranienburger Straße, Kleiner Präsidenten-, Burg- und Monbijoustraße; 10178 Berlin (Mitte)
S Hackescher Markt U-Bahn Oranienburger Straße
Tram 1, 2, 3, 4, 5, 13, 15, 53 **Bus** 348

Kinderschwimmbad: vom 13. Juli – 19. September täglich 10-18 Uhr, 030 / 282 86 52

Wer die unwirtliche Freifläche zwischen *Museumsinsel* und Hackeschem Markt durchquert, vermutet kaum, daß er sich auf dem Areal eines ehemaligen Schlosses befindet. Spielplätze, einige Skulpturen und ein originelles *Kinderschwimmbad* lassen zwar mit viel gutem Willen die Bezeichnung der Anlage als „Park" zu, aber unter einem Schloßpark stellt sich der Betrachter dennoch etwas anderes vor.

Hier stand eine der anmutigsten Berliner Residenzen: *Schloß Monbijou.* 1703 erbaut von Eosander von Göthe für den königlichen Minister Graf von Wartenberg – einem der zweifellos größten Intriganten am preußischen Hof –, gelangte es nach dessen Sturz 1710 in den Besitz von Kronprinzessin Sophie Dorothea, der Mutter Friedrichs des Großen. Diese ließ sich von dem romantischen Anblick des unmittelbar am Ufer der *Spree* gelegenen Anwesens inspirieren und nannte es „mon bijou".

Der langgestreckte, eingeschossige Bau wurde Mitte des 18. Jahrhunderts auf die beachtliche Länge von 55 Achsen erweitert und mit einer *Orangerie* und einem Angelhäuschen ausgestattet. Nach dem Tod der Königin blieb Monbijou unbewohnt. Erst 1789/90 ließ die neue Besitzerin, die Königin Friederike Louise, Gattin Friedrich Wilhelms II., einen weiteren Flügel anfügen. Darüber hinaus entstanden der *Wintergarten* sowie eine Reihe kleiner Bauten im Garten, darunter der *Tempel der Freundschaft*, das *Chinesische Lusthaus*, das *Bad des Nero* und das große *Pflanzenglashaus*.

Nach dem Tod der Besitzerin verlor das Königshaus das Interesse an Monbijou, so daß das Schloß in den folgenden Jahren den unterschiedlichsten Zwecken diente, zeitweise sogar dem Militär als Kaserne. Erst mit dem *Hohenzollernmuseum*, das hier ab 1877 in 42 Sälen Erinnerungsstücke der Landesherren ausstellte, erhielt das Schloß wieder einen angemessenen Hausherrn.

Der ursprünglich als Barockgarten angelegte *Schloßpark* wurde Anfang des 19. Jahrhunderts in einen Landschaftspark umgestaltet. Schloß und Park, im II. Weltkrieg erheblich beschädigt, trug man 1958-60 ab. Nur einige alte Ansichten und Museumsbestände, die sich heute in > SANSSOUCI, > SCHLOSS KÖPENICK und im > JAGDSCHLOSS GRUNEWALD befinden, erinnern noch an eines der beeindruckendsten Kleinode inmitten Berlins.

SANSSOUCI

Schloßpark, 14469 Potsdam
0331 / 969 42 02
Potsdam Stadt, von dort Ausflugsbus A1

Schloß Sanssouci: 1. April - 15. Oktober 9-17 Uhr, 16.-31. Oktober, Februar und März 9-16 Uhr, 1. November - 31. Januar 9-15 Uhr; Pause 12.30-13 Uhr; Mo geschlossen; nur mit Führung (alle 20 Min.) DM 8,-

Damenflügel: Mitte Mai - Mitte Oktober, Sa, So 9-17 Uhr; Pause 11.45-12.30 Uhr DM 3,-

Neue Kammern: wie Schloß Sanssouci; Pause 12-12.30 Uhr; Fr geschlossen DM 5,-

Neues Palais: wie Schloß Sanssouci; Pause 12.45-13.15 Uhr; Di geschlossen; im Winterhalbjahr nur mit Führung DM 8,-

Orangerie: Mitte Mai bis Mitte Oktober: 9-17 Uhr; Pause 12-13 Uhr; Do geschlossen DM 6,-

Chinesisches Teehaus: Mitte Mai bis Mitte Oktober 9-17 Uhr; Pause 12-12.30 Uhr; Fr geschlossen DM 4,-

Schloß Charlottenhof: Mitte Mai bis Mitte Oktober 9-17 Uhr; Pause 12.30-13 Uhr; Mi geschlossen; nur mit Führung; DM 6,-

Römische Bäder: wie Schloß Charlottenhof; Pause 12-12.30; Do geschlossen DM 3,-

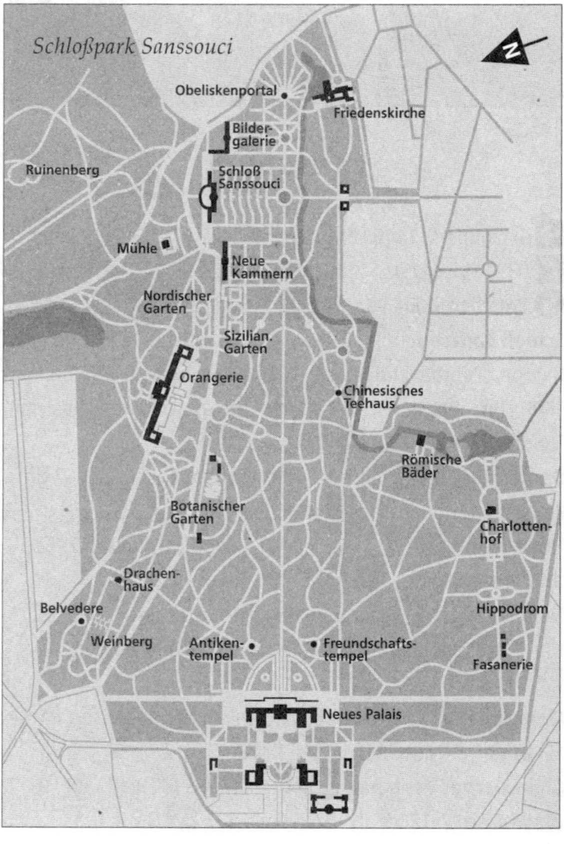

Wenn an einem Sommerwochenende Tausende von Touristen aus aller Welt nach Sanssouci strömen, ist es vorbei mit der Ruhe und Abgeschiedenheit, die Bauherr Friedrich II. hier einst suchte. „Sans Souci", ohne Sorgen wollte er hier leben – ein Wunschtraum, den mancher Einheimische vor allem in der Sommerzeit gut nachfühlen kann. Die ungebrochene Popularität von Sanssousi ist durchaus zwiespältig. Die Schlösserverwaltung ist natürlich hocherfreut über die jährlich bis zu 2 Millionen zahlenden Besucher, auch wenn es einige Mühe kostet, den Touristen zu vermitteln, daß sie ein *UNESCO-Kulturerbe der Menschheit* besuchen, mit dem pfleglich umzugehen ist. Vor allem die historischen Räume des *Neuen Palais* verkraften nur eine begrenzte Anzahl von Festbanketts, viele Mietgesuche müssen abgelehnt werden. Das kleine *Schloß Sanssouci* selbst wird vor allem im Frühjahr und Sommer von den Besuchermassen nahezu überrollt. Darüber hinaus gibt es immer wieder Forderungen, die historischen Gartenanlagen zu einer Art Freizeitpark umfunktionieren, und das Nationale Olympische Komitee plante sogar, das Olympische Reittunier vor dem Neuen Palais abzuhalten. So bleibt am Ende wohl auf Dauer die schwierige Gratwanderung zwischen Denkmalpflege und besucherfreundlichem Nutzungskonzept, das die *Stiftung Schlösser und Gärten* bisher überzeugend, wenn auch nicht immer alle Wünsche befriedigend, gelöst hat.

Sanssouci ist in erster Linie das Werk von zwei Preußenkönigen: Friedrich der Große und, rund 100 Jahre später, Friedrich Wilhelm IV. haben den Schloßpark mit ihren Bauten geprägt und eine der eindrucksvollsten Kulturlandschaften Europas geschaffen. Auf den ersten Bauherrn gehen *Schloß Sanssouci*, so wie die (links) flankierenden *Neuen Kammern* und die *Bildergalerie* (rechts) zurück. Friedrich der Große gab ferner den Auftrag für das *Obeliskportal* am Parkeingang und ließ 1751 im westlich davon gelegenen *Rehgarten* das *Chinesische Teehaus* errichten. Letztes großes Bauprojekt war das 1763-69 errichtete, ausschließlich Repräsentationszwecken dienende *Neue Palais*. Friedrich Wilhelm IV. engagierte sich bereits zu seinen Kronprinzenzeiten stark in Sanssouci und ließ die Anlage nach Süden um *Schloß Charlottenhof* und die *Römischen Bäder* erweitern. Als letztes Gebäude im Sanssouci entstanden die *Friedenskirche* (1844) im Osten und die *Orangerie* (ab 1851) im Norden. Mit der Gestaltung des Parks wurde 1816 Peter Joseph Lenné beauftragt – eine Aufgabe, der er sich bis zu seinem Tod 1866 widmete. Erst

über einhundert Jahre nach dem ersten Spatenstich konnten im Jahr 1856 die Arbeiten in dem rund 300 ha großen Park von Sanssouci abgeschlossen werden.

Es empfiehlt sich, den großen Rundgang durch Sanssouci am *Obelisken* zu beginnen, den Baumeister Hans Georg Wenzeslaus von Knobelsdorff 1747/48 zusammen mit dem daneben gelegenen Portal als Eingangsbereich des königlichen Gartens schuf. Nach einem Spaziergang auf der schnurgeraden Hauptallee, die sich bis zum Neuen Palais hinzieht, kommt der Besucher an die *Große Fontäne*. Von hier aus bietet sich der klassische „Postkartenblick" auf die Gartenseite des Schlosses Sanssouci mit den sechs *Weinbergterrassen*. Zwischen Rebstöcken und Feigenbäumen geht es über zahlreiche Treppenstufen zu dem eher bescheiden wirkenden Rokokoschloß, das sich Friedrich 1745-47 durch von Knobelsdorff errichten ließ. Nur der Marmorsaal mit seiner Kuppel erhöht den eingeschossigen, weniger als 100 m langen Bau. Plastiken neckischer Weingötter und -göttinnen schmücken die Fassade auf ganzer Länge.

Heute noch vermittelt sich die ursprüngliche Funktion des Schlosses als privater, intimer Ruhesitz. Vorbei an der Gitterlaube mit der römisch-antiken Bronzefigur des *Betenden Knaben* erreicht der Besucher den Eingangsbereich. Dessen Vorplatz schmücken zwei, zusammen einen Halbkreis bildende *Kolonnaden*, die dazwischenliegende Auffahrt wird nicht mehr genutzt und ist mit Gras bewachsen.

Wer einen Rundgang durch die Innenräume plant, muß sich, wie erwähnt, insbesondere an den Sommerwochenenden auf längere Wartezeiten einstellen. Bis zu 1.600 Menschen kann das Gebäude täglich verkraften, aber der Andrang ist weitaus größer. Ein Problem sind nicht nur die empfindlichen Böden, auch das gesamte Raumklima ändert sich, wenn zu viele Schloßliebhaber gleichzeitig ein- und ausatmen. Besichtigt werden können Friedrichs Privaträume, in denen er sich seinen Studien zur Philosophie, Architektur und Musik widmete. Die runde Bibliothek gilt als einer der schönsten Räume des deutschen Rokoko. Der prächtige Mamorsaal war einst Schauplatz der berühmten „Tafelrunde von Sanssouci": Philosophen, Wissenschaftler und Schriftsteller tauschten hier ihre Gedanken aus und debattierten im Sinne der Aufklärung – auch Voltaire weilte hier, bevor er sich mit dem König überwarf. Im Musikzimmer unterhielt Friedrich seine Gäste mit seinem Flötenspiel, über dessen Qualität unterschiedliche Meinungen verbreitet sind. 1786 starb Friedrich II. vor dem Kamin des Arbeits- und Schlafzimmers in einem Sessel, der bis heute erhalten ist, aber jetzt im Schlafalkoven steht.

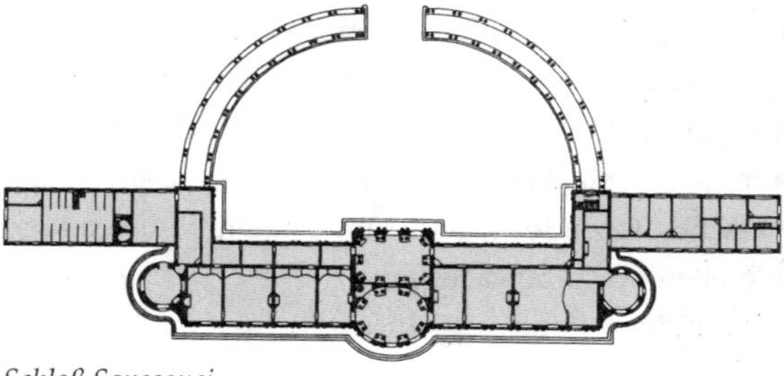

Schloß Sanssouci

In der *Gruft* westlich des Schlosses, die er 1744 zusammen mit den Terrassen hatte anlegen lassen, wollte der Monarch beigesetzt werden. Dieser testamentarisch festgelegte Wunsch erfüllte sich jedoch erst 1991, als der Leichnam im Rahmen eines peinlich-pompösen Festaktes nach Sanssouci umgebettet wurde.

Schloß Sanssouci blieb nicht lange der einzige Bau in der ländlichen Potsdamer Idylle. 1747 kamen westlich des Schlosses die als Gästehaus genutzten Neuen Kammern hinzu. Östlich davon entstand 1755-63 die Bildergalerie. In prächtigen, weiß, gelb und gold ausgemalten Räumen präsentierte Friedrich seine Gemäldesammlung. Die Meisterwerke flämischer und italienischer Maler sind heute noch hier zu sehen, allerdings haben die Museumsräume nach unsensiblen Restaurierungen ihren einstigen Charme weitgehend eingebüßt.

Wer von den Kammern aus in Richtung Westen die Maulbeerallee entlangspaziert, gelangt vorbei am *Sizilianischen Garten* mit Palmen, Agaven und Zypressen und am *Nordischen Garten* mit unempfindlichen Nadelhölzern zum letzten in Sanssouci errichteten Bauwerk, zur *Orangerie*. Friedrich Wilhelm IV. hatte sie ab 1851 im damals modischen Italienischen Stil erbauen lassen. Mit Skulpturengruppen, steinernen Vasen und Grotten geschmückte Treppenanlagen führen hinauf zu dem gelb getünchten Gebäude. Den Mittelbau krönen zwei Türme, die über eine Plattform miteinander verbunden sind; daran schließen sich Seitenhallen und Eckflügel an. Trotz seiner Größe wirkt der Bau nicht klotzig und fügt sich elegant in die dahinterliegende

Hügelkette ein. In der Orangerie untergebracht waren die Gästezimmer Friedrich Wilhelms IV., der Zarin Charlotte von Rußland und ihres Gemahls Zar Nikolaus I. sowie der Rafaelsaal mit einer Kopie der Sixtinischen Madonna und weiteren Nachbildungen wertvoller Gemälde. In der westlichen Seitenhalle überwintern nach wie vor die tropischen Pflanzen des Parks. Eine schmale Wendeltreppe führt zur Aussichtsplattform; von dort aus hat man einen herrlichen Blick auf die gesamte Gartenanlage: Im Westen – jenseits des *Botanischen Gartens* – ist am Rande des Parks der *Klausberg* mit dem pagodenförmigen *Drachenhaus* und der Ruine des 1945 zerstörten *Belvedere* (beide 1770) zu sehen.

Von der Orangerie geht es über die gerade Hauptallee, die Sanssouci mit dem *Neuen Palais* verbindet, wieder zurück. Diesen spätbarocken Repräsentationsbau hatte Friedrich II. 1763-69 unmittelbar nach dem Siebenjährigen Krieg errichten lassen. Die Baumeister Büring, Manger und von Gontard sollten nicht „kleckern, sondern klotzen", um der Welt zu beweisen, daß die Kassen Preußens auch nach einem langen Krieg noch längst nicht erschöpft waren. Friedrich selbst nannte das Gebäude eine „Fanfaronnade", eine „Prahlerei". Den fast 240 m langen, dreigeschossigen Protzbau schmücken rund 300 Sandsteinfiguren und etwa 200 Putten. Auch die über 200 Innenräume sind üppig mit wertvollen Steinen, Fossilien, Stoffen und Hölzern ausgekleidet.

Die beiden 1768 errichteten Rundtempel östlich des Neuen Palais gehören bereits in die Epoche des Klassizismus. Im *Antikentempel* nördlich der Hauptallee ist eine wertvolle *Sammlung antiker Plastiken*, Münzen und Gemmen zu besichtigen; der *Freundschaftstempel* im Süden ist eine kleine Gedenkstätte für Friedrichs 1758 verstorbene Lieblingsschwester Wilhelmine von Bayreuth.

Vom Neuen Palais führt die Lindenallee nach Süden zum *Park Charlottenhof*. Friedrich Wilhelm IV. ließ diesen Teil des Parks Sanssouci partiell bereits zu seiner Kronprinzenzeit gestalten. Wie so oft zu jener Zeit waren Karl Friedrich Schinkel für die Bauten zuständig und Peter Joseph Lenné für die Grünanlagen. Zu bewundern ist ein ausgedehnter Landschaftspark mit großen Wiesen, kleineren Baumgruppen und schlichten Gebäuden. Fernab von dem Besucherrummel am Schloß Sanssouci lassen sich hier schöne, weite „Durchblicke" genießen.

Vorbei an der *Fasanerie* (1842-44, Persius), einer ovalen Grünanlage, dem *Hippodrom* (1836) und den rasterförmigen Hecken des *Dichterhains* (1851, Gustav Bläser) geht es zum *Schloß Charlottenhof*. Das 1826 nach Plänen von Schinkel für Charlotte von Gentzkow erbaute Palais gilt als eines der schönsten Gebäude des 19. Jahrhunderts in Sanssouci. Bauherr Friedrich Wilhelm IV. ließ sich – wie auch bei der später erbauten Orangerie – von seiner Italien-Begeisterung leiten. Der gelbe Anstrich, die grünen Holzläden und der kleine Turm geben dem Gebäude das Gepräge eines römischen Landsitzes.

Von hier aus hat man einen schönen Blick auf die weiter östlich, an einem Teich gelegenen *Römischen Bäder*. Auch dieses 1829-40 (Schinkel, Persius) errichtete Gebäudeensemble läßt deutlich die italienischen Vorbilder erkennen. Rechts liegt das *Hofgärtnerhaus*, links das *Gehilfenhaus*, dahinter die eigentlichen Bäder mit einer Arkadenhalle. Direkt am Teich, den Lenné durch eine Erweiterung des Grenzkanals schuf, findet sich ein tempelartiger *Teepavillon*, die zahlreiche Bänke laden hier zum Verweilen ein.

Wer den Park Charlottenhof an der *Meierei* verläßt, kommt über den „Ökonomieweg" wieder in den *Rehgarten*, der letzten Station dieses ausgedehnten Rundgangs. Hier ist das 1754-57 erbaute *Chinesische Teehaus*, ein typisches Beispiel für die „Chinamode" des 18. Jahrhunderts, die größte Attraktion. Das blaue, zeltartige Dach des liebevoll gestalteten Rokokobaus ruht auf vergoldeten Säulen, die Bananenbäumen nachempfunden sind. Rund um das Gebäude stehen vergoldete Skulpturen – Sinnbild für das Weltbild des Rokoko auf das „Märchenland China".

Vom Teehaus geht es Richtung Norden zurück auf die Hauptallee. Auf Höhe der *Kleinen Fontäne* liegt der *Holländische Garten* mit der ganz mit Muscheln und künstlichen Wasserpflanzen ausgekleideten *Neptunsgrotte* (1751, von Knobelsdorff). Hier rauscht das Wasser aus zwei Nymphenkrügen in stufenförmig angeordnete Muschelschalen. Kurz vor dem Parkausgang liegt der *Friedensteich* mit der an 1845-54 an seinem Südwestufer erbauten *Friedenskirche*. Baumeister Persius orientierte sich an byzantinischen Vorbildern, setzte einen Teil der Außenmauern direkt ins Wasser und schuf so eine außerordentlich romantische Anlage. Durch das Obeliskportal (1748) geht es zurück auf die Schopenhauer Allee. Wer jetzt noch Energie für einen kleinen Fußweg hat, dem sei der nördlich des Schloßparks gelegene *Ruinenberg* (Bornstedter Straße, Voltaireweg) empfohlen. Zwischen Ruinenimitationen und Springbrunnen lassen sich hier in Ruhe alle Eindrücke Revue passieren.

SCHLOSS BABELSBERG

➔ Im Park Babelsberg, 14482 Potsdam ✆ 0331 / 70 51 56
Tram 94, 95 Bus 116, 602, 625, 691, 694

Schloß: April - Mitte Oktober 9-17 Uhr, ab Mitte Oktober und Februar/März 9-16 Uhr, November - Januar 9-15 Uhr, Mo geschlossen, im Winterhalbjahr Besichtigung nur mit Führung DM 4,- mit, DM 3,- DM ohne Führung; **Flatowturm:** Mitte Mai - Mitte Oktober, 9-17 Uhr, Mo geschlossen DM 3,-

Die Gartenanlage zwischen *Havel* und *Griebnitzsee* ist zusammen mit > KLEIN-GLIENICKE die größte Kulturlandschaft der Region. Das einmalige Gesamtkunstwerk bezaubert den Besucher mit verwunschenen Bauten, verblüffenden Blickachsen und herrlichen gärtnerischen Anlagen, in denen sich so mancher versteckte Winkel entdecken läßt. Bis 1989 stand an der Nordseite des Parks die Mauer und verstellte den

Blick. Erst seit ihrem Abriß ist die wahre Größe und Schönheit des Areals wieder zum Vorschein gekommen, und vom Vorplatz des Schlosses Babelsberg aus läßt sich nun die unverbaute Aussicht auf die Glienicker Brücke und die Havel genießen.

Es empfiehlt sich, den Rundgang beim Schloß im nördlichen Teil des Parks zu beginnen. Babelsberg war einst der Sommersitz des Kronprinzen Wilhelm, des späteren ersten Deutschen Kaisers. Auf Wunsch seiner Gattin, Prinzessin Augusta von Sachsen-Weimar, gestaltete Karl Friedrich Schinkel das Schlößchen im neugotischen Stil. Mit seinen Türmchen und Zinnen erinnert es stark an englische Landschlösser, für die Augusta schwärmte. War der erste Bauabschnitt bereits 1834/35 abgeschlossen, so gingen bis zur Fertigstellung mehr als zehn Jahre ins Land, denn die Ansprüche der Bauherren veränderten sich mehrfach, und die Finanzen wurden knapp. Erst 1844/45 konnte die Bautätigkeit unter Ludwig Persius, einem Schüler und Mitarbeiter des 1841 verstorbenen Schinkel, fortgesetzt werden. Nach Persius' Tod 1845 vollendete schließlich Johann Heinrich Strack das Anwesen, nicht ohne die Pläne allerdings nochmals modifizieren zu müssen.

Schönster Innenraum des von außen verspielt und anmutig wirkenden Schlosses ist der neugotische, von Persius entworfene Tanzsaal. Die Flügeltüren des klassizistisch kühlen Saals mit seiner reich verzierten Decke führen direkt auf die große Voltaireterrasse an der Ostfassade. Es ist mühelos vorstellbar, daß es sich hier in lauen Sommernächten gut philosophieren läßt.

Die heutigen Gartenanlagen gehen auf einen Entwurf von Peter Joseph Lenné zurück. 1833 begann er mit der Gestaltung des hügeligen Geländes, wobei er die schönen Ausblicke über die Havel und nach Potsdam beibehielt. Sein Ideal, die verschiedenen Anlagen „durch eine verschönte Landschaft zu vereinen", erreichte er allerdings nicht. 1842 kam es zu Meinungsverschiedenheiten mit dem König, und kurz darauf löste ihn der ebenso berühmte wie berüchtigte Fürst Pückler-Muskau ab, ein Freund des Kronprinzenpaares. (> BRANITZER PARK) Er gab der Anlage ihr endgültiges Gepräge im Stil eines englischen Landschaftsparks. Zahlreiche verschlungene Wege führen seither durch die weiten Wiesen, dazwischen tauchen immer wieder kleinere Baumgruppen oder romantisierende Bauten auf. Für die Bewässerung sorgte das an der *Glienicker Lake* errichtete *Wasserwerk.*

In unmittelbarer Nähe des Schlosses befindet sich der Pleasureground. Wer den dahinterliegenden Wiesenhang erklimmt, passiert das *Küchengebäude* (1844-49, Strack) und trifft schließlich auf die *Fürstenbank* aus rotem Sandstein. Einige Schritte Richtung Süden befinden sich die *Siegessäule* mit der Viktoriastatue (1866-68, Christian Daniel Rauch) und weitere Aussichtspunkte (*Luisenhöhe, Augustablick, Feldherrenbank*). Noch weiter südwestlich folgt schließlich der *Flatowturm*, der Besuchern aus der Bankenstadt Frankfurt am Main ein überraschendes Déjà-vu bescheren dürfte. Es handelt sich um eine Nachbildung ihres Eschenheimer Tores.

Vom Turm aus empfiehlt sich der Weg hinunter zum *Matrosenhaus* (1868, Strack) am Ufer der Havel.

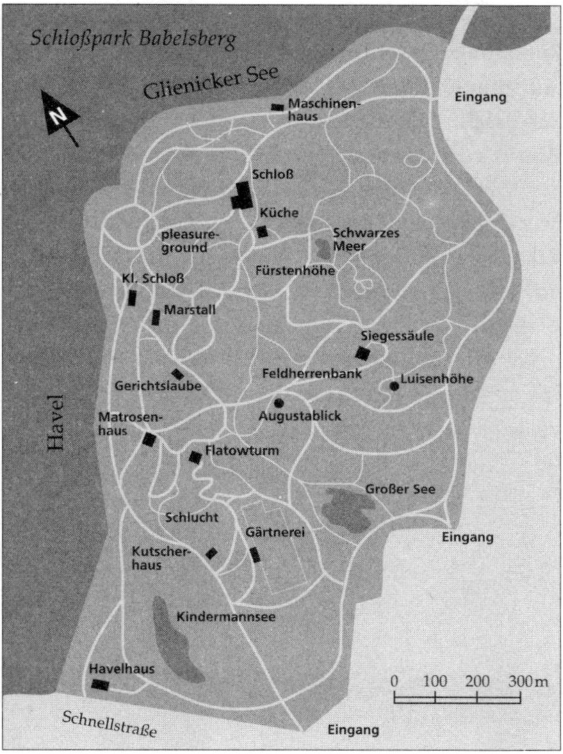

Hier wohnten einst jene Matrosen, die die Boote und Gondeln des Prinzen steuerten. Die östlich davon gelegene *Gerichtslaube*, ein zweistöckiger mittelalterlicher Laubengang, war ursprünglich Teil des Berliner Rathauses. Es wurde für den Bau des Roten Rathauses abgetragen und 1872 nach Babelsberg umgesetzt. (Im Berliner *Nikolaiviertel* steht heute ein Nachbau der Gerichtslaube.)

Von der „echten" Gerichtslaube aus sind mehrere Rundgänge möglich: nach Süden zum *Kutscherhaus* und zum *Kindermannsee* oder quer durch den Park bis zur *Babelsberger Sternwarte*. Wir aber empfehlen, am Wasser zu bleiben, sich nach Norden zu wenden und den Blick auf den Fluß, die berühmte Glienicker Brücke und den Park zu genießen. Nach einem nicht allzulangen Fußweg erreicht man schließlich den *Marstall* und das *Kleine Schloß*. 1841/42 von Persius nach Vorgaben der Prinzessin Augusta gestaltet, verleiten heute die „Strandterrassen" im Kleinen Schloß den Spaziergänger, sich zu Kaffee und Kuchen niederzulassen.

SCHLOSS BELLEVUE

Spreeweg 1, 10785 Berlin (Tiergarten) 030 / 39 08 40
Bellevue Bus 100, 187
der Öffentlichkeit nicht zugänglich

Die meisten Fremden sind verwundert, wenn sie den Amtssitz des *Bundespräsidenten* zum ersten Mal sehen. Sie sehen sich einem wohlproportionierten Schloß von keineswegs übermäßiger Größe gegenüber, mit wenigen, aber gelungenen Verzierungen – im Vergleich mit Residenzen anderer Staatsoberhäupter zweifellos ein ebenso bescheidener wie würdevoller Amtssitz. Wer je die Gelegenheit hatte, das Haus von Innen zu erleben, findet diesen Eindruck bestätigt. Die Ausstattung der Räume ist elegant, ohne überladen zu wirken, selbst das Geschirr ist schlicht, und das einfache Silberbesteck ziert lediglich der Bundesadler. Überhaupt wird enttäuscht, wer steife und langweilige Empfänge erwartet. Nicht erst seit Amtsantritt des aktuellen Präsidenten, so bestätigen viele Besucher, wird in Schloß Bellevue lieber das offene, direkte Wort gepflegt als formelhafter Diplomaten-Small-talk. Kurz: Gebäude und Nutzung scheinen sich in so idealer Weise zu ergänzen, als seien sie eigens für einander geschaffen.

Eine solche Entwicklung war nach der bewegten Geschichte von Bellevue nicht unbedingt zu erwarten. Ursprünglich hatte der erste preußische König, Friedrich I., Anfang des 18. Jahrhunderts versucht, an dieser Stelle Seidenraupenzüchter anzusiedeln. Der Boden aber erwies sich als zu schlecht, die Bäumchen verdorrten, und die Züchter flohen, weil sie den Zorn des Königs fürchteten. Später errichtete der Baumeister von Knobelsdorff hier ein Lusthaus, in das wenige Jahre später eine Lederfabrik einziehen wollte. Der Fabrikant jedoch hatte sich übernommen und ging in Konkurs. Da erwarb Prinz August Ferdinand von Preußen, jüngster Bruder Friedrichs II., das Anwesen und ließ sich 1785/86 nach Plänen von Philipp Daniel Boumann ein neues Schloß erbauen. Orientiert an französischen Barockschlössern und mit Anklängen an den beginnenden Klassizismus entstand ein langgestreckter, zweigeschossiger Mittelbau mit 19 Achsen sowie zwei Seitenflügeln mit 16 Achsen, die nach vorne hin einen Ehrenhof bilden. Die schlicht gestaltete, weiße Fassade des Hauptgebäudes zieren ein angedeuteter Mittelrisalit sowie Schmuckfiguren. Der den Risalit krönende Dreiecksgiebel trägt drei allegorische Figuren aus Sandstein, die Ackerbau, Fischzucht und Jagd symbolisieren – ein Verweis auf die früher ländliche Umgebung.

In der zweiten Hälfte des 19. Jahrhunderts war Bellevue nicht mehr ständig bewohnt. 1848 diente es General von Wrangel, der die Revolution niederschlagen und die konstituierende Versammlung verjagen ließ, als Hauptquartier (> GUTSHAUS STEGLITZ). Auch später war das Schloß Schauplatz so wegweisender wie fataler politisch-militärischer Entscheidungen. Ab 1916 besprachen sich dort Heeresleitung und Reichsregierung, nach Kriegsende die alliierten Mächte. Mit dem Untergang der Monarchie ging Schloß Bellevue in preußischen Staatsbesitz über und wurde gelegentlich für Kunstausstellungen genutzt, bevor 1935 für wenige Jahre das *Museum für Deutsche Volkskunde* einzog.

Die Nationalsozialisten nutzen Bellevue als „Gästehaus der Reichsregierung" und ließen das Schloß 1938/39 nach Plänen von Paul Baumgarten umbauen, wobei lediglich der 1791 von Carl Gotthard Langhans geschaffene Festsaal im ersten Stock in seinem Kern erhalten blieb. Nach erheblichen Beschädigungen im II. Weltkrieg begann in den 50er Jahren die Wiederherstellung und ab 1954 der Umbau zum Amtssitz des Bundespräsidenten. Ein großer Teil der 1938 vorgenommenen Änderungen wurden wieder entfernt, das Innere modernisiert, das Äußere restauriert, der Langhans-Saal entstand in seiner alten Form neu. Bemerkenswert sind die beiden noch heute bestehenden Salons im Stil der 50er Jahre mit Nierentisch und Sofa, die einen markanten Kontrast zum übrigen Raumgefüge ergeben.

Auch ein Teil des hinter dem Schloß gelegenen Gartens repräsentiert konsequent den Geschmack des Erhardtschen Wirtschaftswunders. Der im Zuge des Umbaus von 1954 nach Plänen von Reinhard Besserer neugestaltete Garten ist stilecht ausgestattet mit einem nierenförmigen Teich, einem *Rosengarten*, einer halbrunden Terrasse und einer Pergola sowie einem Wasserbecken, in dem weder die Seerosen noch die Goldfische fehlen. Ursprünglich barg der von der Straße aus nicht einsehbare Park mehrere Schmuckbauten, einen *Schinkel-Pavillon* und die für Prinzessin Luise errichtete *Meierei* von Friedrich Gilly. Sie alle gingen im II. Weltkrieg verloren. Südlich des Schlosses entsteht in den nächsten Jahren das neue *Bundespräsidialamt*.

SCHLOSS BIESDORF

Alt-Biesdorf 55, 12683 Berlin (Marzahn)
S Biesdorf U Elsterwerder Platz Bus 108, 120, 198, 269

Im Schloß befindet sich die **Bezirksbibliothek:** Mo, Di, 13-17 Uhr, Mi 9-13 Uhr, Do 13-18.30 Uhr 030 / 514 35 86
Das im Schloß untergebrachte **Kulturzentrum BALL e.V.** veranstaltet unter anderem Ausstellungen und Konzerte

Auch der bundesweit bekannte Plattenbaubezirk Marzahn birgt unerwartete Überraschungen: Eingeklemmt zwischen S-Bahntrasse und der stark befahrenen Bundesstraße 1 liegt Schloß Biesdorf, ein ehemaliges Gutshaus, für das sich erst in neuerer Zeit die Bezeichnung Schloß eingebürgert hat. Schon von fern ist dem Anwesen anzusehen, daß es schon bessere Zeiten erlebt hat. Die Farben sind verblaßt, der Putz bröckelt, doch gerade dies macht den morbiden Charme der Anlage aus.

Schloß Biesdorf ist ein Bau aus der zweiten Hälfte des 19. Jahrhunderts. Freiherr von Rüxleben ließ es 1868 am Nordrand des Biesdorfer Angers nach Plänen der Architekten Martin Gropius und Heino Schmieden errichten. Deutlich sind Elemente der spätklassizistischen Architektur der Schinkel-Schule sowie Formen der italienischen Renaissance zu erkennen. Auffälligstes Element ist der 1896/97 hinzugekommene achteckige Turm an der Süd-Ost-Ecke, der weit über das eingeschossige Gebäude hinausragt. Im Verhältnis zum Kerngebäude erscheint er unangemessen hoch. Des Rätsels Lösung: Ursprünglich gab es noch ein Obergeschoß, das jedoch im II. Weltkrieg abbrannte und nicht wieder aufgebaut wurde.

Vor dem Hauptportal auf der Westseite dient ein Portikus als überdachte Auffahrt; Wagen fahren hier freilich nicht mehr vor. Dabei soll das Areal in der Verkehrsgeschichte gar keine so unbedeutende Rolle gespielt haben. 1887 hatte Werner von Siemens das Anwesen gekauft, und möglicherweise sind auf der ehemaligen Lindenallee seine ersten Elektromotoren getestet worden.

Auf der Süd- und Ostseite des Gebäudes liegen säulengeschmückte Loggien, im Osten zur Terrasse erweitert. Von hier führt eine Treppe in den Park – ein klassischer Landschaftsgarten mit weiten Rasen- und Wiesenflächen, mit dichtem, alten Baumbestand und einem kleinen Teich. Einen schönen Blick auf die Anlage bietet das nur wenige Schritte vom Schloß entfernte Aussichtsplateau. Von hier aus führen mehrere Wege zur 1956 erbauten *Freilichtbühne* im Norden des Parks. Im Sommer bietet das Bezirksamt ein Kinderprogramm mit Puppen- und Marionettentheater, Zauberern und Clowns. Auch das Schloß selbst wird für bezirkliche Kulturarbeit genutzt. Eine Zweigstelle der Stadtbibliothek und das sozial-kulturelle Zentrum BALL e.V. sind hier untergebracht. Die jetzigen Mieter haben in mühevoller Kleinarbeit die Räume des Schlosses für ihre Zwecke instandgesetzt und veranstalten Ausstellungen, Bastel-, Mal- und Naturkurse sowie einen Tanztee für Senioren.

SCHLOSS BOITZENBURG

➔ Templiner Straße 13, 17266 Boitzenburg
✆ 039889 / 291
Bahnhof Templin oder Prenzlau, dann Bus 103
◷ Schloßbesichtigung nicht möglich, **Schloßgarten:** täglich von Sonnenaufgang bis Sonnenuntergang

Schloß Boitzenburg in der Uckermark befindet sich heute in einem traurigen Zustand. 1276 erstmals erwähnt, war das Herrenhaus Mittelpunkt des einst etwa 12.000 ha großen land- und forstwirtschaftlichen Betriebes Boitzenburg. Seit 1528 im Besitz der Familie von Arnim, entstand im 16. Jahrhundert einer der schönsten Renaissancebauten Brandenburgs; der westliche Teil, das Oberhaus, ist aus dieser Zeit noch erhalten. Zahlreiche Um- und Ausbauten veränderten in den folgenden Jahrhunderten die Gestalt des Schlosses.

1838-42 wurde das Unterhaus im Tudor-Stil umgebaut, bevor man es 1881-84 im Stil der Neurenaissance dem Aussehen des Oberhauses anpaßte. Während die Fassaden mit Ausnahme eines im Herbst 1945 durch Brand beschädigten Flügels weitgehend erhalten blieben, ist in den Innenräumen kaum noch etwas von der Ursprungsausstattung zu erkennen. Die alten Besitzer wurden im Sommer 1945 enteignet. Zunächst nutzte die „Kasernierte Volkspolizei" das Anwesen, später wurde es Schulungsheim für Offiziere der Volksarmee. Diesen Bedürfnissen entsprechend, baute man das Innere vollkommen um, während die Fassade fast unverändert blieb.

Der einst weitläufige Park, bis 1990 militärisches Sperrgebiet, ist heute als solcher nicht mehr zu erkennen. Friedrich Wilhelm Graf von Arnim hatte ihn im 18. Jahrhundert nach englischem Vorbild gestalten lassen. Die von Carl Gotthard Langhans und Johann Gottfried Schadow geschaffenen Tempel und Denkmäler sind inzwischen verfallen, der *Marstall* nach Umbauten kaum noch zu erkennen und auch von der Gestaltung Peter Joseph Lennés, der den Garten im 19. Jahrhundert vollendete, blieb kaum etwas übrig. Statt alter Bäume und einem ausgeklügelten Wegesystem prägt nunmehr ein Plattenbau die Anlage. Das heute von einer Nachfolgeeinrichtung der Treuhandanstalt verwaltete Schloß steht leer und soll verkauft werden.

SCHLOSS BRITZ

→ Alt Britz 73, 12359 Berlin (Neukölln) ☎ 030 / 606 60 51
U Parchimer Allee, dann Bus 144, 174, 181
Führungen Mi halbstündlich von 14-17 Uhr, Gutspark täglich von 9 Uhr bis zum Anbruch der Dunkelheit

Der Hofmarschall Sigismund von Erlach ließ 1706 ein zweistöckiges Haus errichten, das nach diversen Umbauten und Erweiterungen heute Schloß Britz genannt wird. Bis 1924 wurde das Schlößchen tatsächlich als *Gutshaus* genutzt, bis es die Erben des letzten Gutsherren, des Fabrikanten Wilhelm August Julius Wrede, an die Stadt Berlin verkauften. In den 30er Jahren setzte dann die Bebauung der angrenzenden Ländereien ein, und es entstand unter anderem Bruno Tauts berühmte *Hufeisensiedlung Britz*. Nach 1945 brachte man in den Räumen ein Kinderheim unter. Das Bezirksamt Neukölln entschied 1985, Schloß Britz mitsamt den

Wirtschaftsgebäuden und dem Park zu restaurieren, so daß es am 29. April 1988 feierlich wiedereröffnet werden konnte. Dabei wurde das kleine Anwesen in den Zustand einer Gestaltung Carl Busses von 1883 zurückversetzt. Die Restaurierung und Möblierung der Räume wirkt auf den Betrachter tatsächlich wie „aus einem Guß".

Heute sind in diesem sehr gepflegten Schlößchen zahlreiche historische Räume zu besichtigen, in denen Ausstellungen, Konzerte und Lesungen stattfinden. Im Obergeschoß des Prachtbaus wurde eine Gäste-Etage mit 17 Betten für Besucher aus Neuköllns Partnerstädten eingerichtet.

Der *Gutspark* orientiert sich an Entwürfen aus der Jahrhundertwende mit einer zentrale Lindenallee. Nach dem Verlust vieler märkischer Schloß- und Gutsgärten nach dem II. Weltkrieg ist dieser Park von beispielhafter Bedeutung. Von hier aus eröffnen sich noch einmal schöne Blicke auf die Rückfront des Schlosses, ein kleiner Spaziergang lohnt sich also.

Den daneben gelegenen *Wirtschaftshof*, dessen Gebäude um 1880 im italienisch inspirierten Landhausstil erbaut wurden, nutzt heute das Gartenbauamt Neukölln. Das Gebäude mit dem charakteristischen Turm ist für die Öffentlichkeit ebenfalls zugänglich.

SCHLOSS BUCH

Karower Straße 1, 13125 Berlin (Pankow)
Berlin-Buch Bus 151, 158, 159, 251, 350

Der zur Akademie der Künste zählende **Künstlerhof Buch**, Alt-Buch 45-51, 13125 Berlin 030 / 94 10 80 12, veranstaltet unter anderem Ausstellungen

Schloßpark, Schloßkirche und Schloß Buch bildeten einst ein eindrucksvolles Ensemble in der „Krankenhausstadt" Buch. Während Park und Kirche heute noch zu besichtigen sind, blieb vom Barockschloß nur noch ein schmiedeeisernes Geländer erhalten, das inzwischen das Treppenhaus des *Operncafés* (> PRINZESSINNENPALAIS) Unter den Linden ziert.

Die durch Pilaster gegliederte Barockkirche entstand 1731-36 nach Plänen Friedrich Wilhelm Diterichs. Sie besteht aus einem hohen Sockel, einem Hauptgeschoß mit Bogenfenstern und einem Halbgeschoß mit kreisrunden Fenstern. Der einst prächtige Turm mit geschwungener Haube und achteckiger Laterne ging im II. Weltkrieg verloren. Erhalten blieb lediglich das figurenreiche Marmorepitaph von Johann Georg Glume (1763). Das letzte Werk des Schlüter-Schülers gilt als eine der schönsten Bildhauerarbeiten des 18. Jahrhunderts und ist im Chor zu besichtigen.

Hinter der Kirche führen Stufen auf eine große, rechteckige Freifläche, deutlich ist hier der Grundriß des einstigen Schlosses zu erkennen. Das Gebäude hatte den Krieg zwar relativ unversehrt überstanden, doch danach fehlten der Wille und die nötigen Mittel zur Restauration, so daß man es 1964 abriß.

Der ursprüngliche Barockgarten wurde um 1820, der damaligen Mode entsprechend, in einen Landschaftsgarten umgestaltet. Ein künstlicher See mußte allerdings nicht geschaffen werden, denn die Anlage bot eine idyllische, natürliche Wasserquelle, die *Panke*. In zahlreichen Verzweigungen windet sie sich heute noch durch weite Wiesenflächen mit altem Baumbestand. Die Idylle könnte perfekt sein, würden nicht häßliche Stahl-Beton-Brücken die zum Teil zu kleinen Seen erweiterten Wasserflächen überspannen.

Nach einem Rundgang durch den Park geht es links an der Kirche vorbei durch den Haupteingang zurück auf die Straße Alt-Buch. Vom aufgelassenen Gutshof sind heute noch einige Wirtschaftsgebäude erhalten, so ein im 18. Jahrhundert errichteter Feldsteinstall und ein um 1800 entstandener achteckiger Taubenturm. Hier ist inzwischen der *Künstlerhof Buch* entstanden, ein Atelier- und Werkstättenkomplex mit etwa 40 Arbeitsplätzen für Berliner Künstler.

Wer den Gutshof verläßt, hat Gelegenheit, in einem der ältesten Wirtshäuser Pankows einzukehren. Im „Schloßkrug“, den die neuen Besitzer sinnigerweise „Il Castello“ tauften, hat bereits Theodor Fontane auf seinen Streifzügen durch die Mark Brandenburg übernachtet. Die Pension Schloß Buch bietet noch immer Gästezimmer im ausgebauten Dachgeschoß, Fontanes behelfsmäßiges Strohlager wird der Besucher allerdings vergeblich suchen.

SCHLOSS CECILIENHOF UND NEUER GARTEN

Am Neuen Garten, 14469 Potsdam
0331 / 969 42 44
Potsdam Stadt, dann Tram 92, 93, 96, 98 Bus 695
9-17 Uhr, Pause 12-12.30 Uhr, Mo geschlossen DM 4,-

Mit dem Namen Cecilienhof ist heute untrennbar die Erinnerung an die Konferenz der alliierten Siegermächte nach dem II. Weltkrieg verbunden. Vom 17. Juli bis 2. August 1945 tagten hier die drei Regierungschefs der Hauptsiegermächte Sowjetunion, USA und Großbritannien. Die „Großen Drei" der Anti-Hitler-Koalition, Josef Stalin, Harry Truman und Winston Churchill (beziehungsweise nach dessen Abwahl Clement Attlee), versuchten hier die Nachkriegsprobleme zu regeln und faßten eine Reihe ebenso folgenreicher wie umstrittener Beschlüsse. Im Kern ging es in der *Potsdamer Konferenz* um die Frage, wie das besiegte Deutschland zu behandeln und das Nachkriegseuropa zu gestalten sei. Entmilitarisierung, Entnazifizierung und Demokratisierung lauteten die Grundsätze, auf die sich die „Großen Drei" einigen konnten, aber die Konfliktlinien, etwa der Streit um die Reparationszahlungen und die polnische West- und Nord-Grenze (Oder-Neiße-Linie) traten ebenso zutage. Am Ende standen eine Reihe von Vereinbarungen, fälschlicherweise oft als „Abkommen" bezeichnet, die alle großen Nachkriegsprobleme benannten, ohne sie lösen zu können.

Heute beherbergte der größte Teil von Cecilienhof ein Hotel. Die Halle aber und die Arbeitszimmer der einzelnen Delegationen sind als *Gedenkstätte* erhalten und noch mit den Originalmöbeln bestückt, darunter jener mächtige, 1945 eigens aus Moskau eingeflogene Verhandlungstisch. Auf ein weiteres historisches Dokument trifft der Besucher bereits am Eingang: Der Sowjetstern aus roten Rosen ist ein Überbleibsel aus der DDR-Ausstellung zur Potsdamer Konferenz, die 1993 neu konzipiert und von „sozialistischem Ballast" befreit wurde.

Wer um das Schloß herumgeht, macht eine erstaunliche Entdeckung. Aus jeder Perspektive wirkt der Fachwerkbau im englischen Landhausstil, der 1913-17 nach Plänen von Paul Schultze-Naumburg als Residenz für den Kronprinzen Wilhelm und seine Frau Cecilie entstand, schlicht und bescheiden. Es ist dem Gebäude kaum anzusehen, daß sich hinter seinen efeubewachsenen Fassaden fünf Innenhöfe und 176 Zimmer verbergen. Bewohnt wurde das Anwesen nach seiner Fertigstellung allerdings zunächst nur von Cecilie und ihren Kindern; Kronprinz Wilhelm floh nach der Novemberrevolution 1918 mit seinem Vater Wilhelm II. nach Holland und kehrte erst 1923 aus dem Exil zurück. Gut zwei Dekaden später, im Februar 1945, kehrten die Hohenzollern Potsdam den Rücken und ließen sich in Süddeutschland nieder; und weitere 45 Jahre darauf wurden die Rückgabeansprüche des jetzigen Familienoberhaupts, Prinz Louis Ferdinand, abgelehnt. Die Hohenzollern-Dynastie und Cecilienhof: dieses Kapitel ist endgültig Geschichte.

Nach der Besichtigung von Schloß und Ausstellung ist ein Besuch im Café auf der Schloßterrasse zu empfehlen, die einen herrlichen Blick auf die *Havel* bietet und zu einem ausgiebigen Rundgang durch den Neuen Garten animiert.

Der zwischen *Jungfernsee* und *Heiligem See* 1817-25 angelegte Landschaftspark *Neuer Garten* mit künstlichen Hügeln und reichem Baumbestand ist ein Werk Peter Joseph Lennés. Eine erste Parkgestaltung geht auf Friedrich Wilhelm II. zurück. Der wegen seiner Körperfülle als „dicker Wilhelm" in die Geschichte eingegangene Monarch beauftragte nach seinem Regierungsantritt 1786 den Dessauer Gärtner August Eyserbeck mit der Umgestaltung der alten Wein- und Obstgärten. Bis zu dieser Zeit standen auf dem Gelände nur ein paar bescheidene Bauten, die heute als *Rotes, Weißes* und *Grünes Haus* in den Plänen eingezeichnet sind, tatsächlich aber ihre ursprüngliche Farbgebung schon lange gegen ein Schmuddelgrau eingetauscht haben.

Vorbei an der *Pyramide* (1791/92, Carl Gotthard Langhans), die als Eiskeller diente, führt ein Weg am Ufer des Heiligen Sees zum eleganten Lust- und Sommerschloß des sinnenfrohen Monarchen, dem *Marmorpalais*. Der Name ist Programm: Marmor ziert nicht nur die Außenfassaden des frühklassizistischen Baus von Carl von Gontard, sondern auch die Innenräume, die Langhans entwarf, der auch für die 1797 vorgenommene Erweiterung um eingeschossige Seitenflügel verantwortlich zeichnete. Friedrich Wilhelm III. konnte das Lustschloß, in dem sein Vater sich mit Ehefrau und Geliebter einige Sommer hindurch amüsiert hatte, weniger leiden. Es blieb deshalb dem Enkel des beleibten Wilhelm, Friedrich Wilhelm IV., überlassen, die Umbauten 1843-45 abzuschließen. Den 1793 von Langhans erbauten *Obelisken* südlich des Palais schmücken vier griechische Männerköpfe (Schadow) – Sinnbilder der vier Jahreszeiten.

Vom Plateau des Marmorpalais führt eine Treppe hinunter zur Ruinenfassade des *Antiken Tempels*, der – vom anderen Ufer aus betrachtet – beinahe im See zu versinken scheint. Doch um „klassisches Altertum" handelt es sich hierbei jedoch nicht. Das Gebäude (1788-90, von Gontard) diente ganz profan als Küche und war mit dem Marmorpalais über einen unterirdischen Gang verbunden.

Danach geht es weiter zur *Orangerie*, einem klassizistischen Bau von Carl Gotthard Langhans (1791) inmitten von Staudengärten. Ins Auge fallen insbesondere die ägyptischen Elemente auf der Schauseite am See: zwei dunkle „ägyptische" Statuen von Schadow, die den Eingang bewachen, und eine auf dem Portikus thronende *Sphinx*. In den roten Backsteinbauten südlich der Orangerie – den 1789/90 erbauten Holländischen Etablissements – sind heute das *Planetarium* und das *Astronomische Zentrum* von Potsdam untergebracht.

Wer nun lieber in die Stadt zurück möchte, kann den Neuen Garten durch den Haupteingang mit den beiden Portiershäuschen verlassen. Wir empfehlen jedoch noch einen Abstecher zum südlichen Zipfel des Heiligen Sees. In dem neugotischen Turmbau, den Langhans 1792-94 als Bibliothek für Friedrich Wilhelm errichtete, soll der König spirituelle Sitzungen abgehalten haben. Gleich um die Ecke liegt das > PALAIS LICHTENAU, das der „dicke Wilhelm" für seine Geliebte Wilhelmine Enke, der späteren Gräfin Lichtenau, am Südrand des Gartens bauen ließ. Architekt Boumann legte den Eingang an die Hoffront; ob Friedrich Wilhelm sich an diesem Ort noch einmal heimlich vergnügte, ist nicht verbürgt, er starb 1797.

SCHLOSS CHARLOTTENBURG

Schloßstraße 1, 14059 Berlin (Charlottenburg)
030 / 32 09 11
Westend Bus 109, 110, 145, 204, X9, X21, X 26
Di-Fr 9-17 Uhr, Sa und So 10-17 Uhr,
Mausoleum: (nur 1. November - 31. März),
Museum für Vor- und Frühgeschichte: täglich 6-20 Uhr
Historische Räume Obergeschoß: DM 2,50 (Untergeschoß nur mit Führung: DM 4,-); **Knobelsdorfflügel:** DM 3,-; **Schinkel-Pavillon:** DM 2,50; **Belvedere;** DM 2,50; **Mausoleum:** DM 1,-; Sammelkarten DM 8,- DM; **Museum für Vor- und Frühgeschichte:** DM 8,-

Die übliche Charlottenburger „Besichtigungstour" führt vom Spandauer Damm direkt zum Hauptgebäude und beginnt mit einem mehr oder minder ausführlichen, fast immer jedoch mehrere Stunden dauernden Schloßrundgang. Wieder vor der Tür, wenden sich mindestens neun von zehn Besuchern nach Westen, gehen um das langgestreckte Gebäude herum und lassen dann, nicht selten schon reichlich erschöpft, einen kurzen Parkrundgang folgen. Diese Route ist zweifellos bewährt, aber selbst Spaziergänger mit guter Kondition sind bei dieser Mammuttour so gefordert, daß für einige der Charlottenburger „Perlen" kaum mehr als ein Seitenblick bleibt. Wir empfehlen deshalb einen Rundgang der etwas anderen Art.

In klassischer Weise nähern wir uns zunächst der Hauptfront des Schlosses, schenken den Eingängen aber vorerst keine weitere Beachtung, sondern wenden uns nach Osten. Vorbei am Knobelsdorfflügel kommt an dessen Ende ein verblüffendes Bauwerk in Sicht. Elegant präsentiert sich dem Betrachter eine zweigeschossige italienische Villa auf fast quadratischem Grundriß: der *Neue Pavillon*, allgemein bekannt als *Schinkel-Pavillon*. Eine rings um den Bau führende äußere Galerie, Loggien auf allen vier Seiten des Obergeschosses und das flache Zeltdach sind die auffälligsten Gestaltungselemente. An heißen Tagen kann den Besucher beim Anblick der Villa durchaus eine tiefe Sehnsucht nach Italien befallen. So erging es auch König Friedrich Wilhelm III. Als er 1822 Italien bereiste, war er von seiner neopolitanischen Unterkunft, der *Villa Reale de Chiatamone*, so begeistert, daß er Schinkel beauftragte, ihm ein diesem Vorbild nachempfundenes Sommerhaus zu bauen. 1824/25 entstand dann der Neue Pavillon nach Skizzen Schinkels, ausgeführt durch dessen Schüler Albert Dietrich Schadow und unter lebhafter Beteiligung des Bauherrn.

Das Innere des 1943 ausgebrannten und 1957-70 wiederhergestellten Pavillons enthält eine Reihe aus-

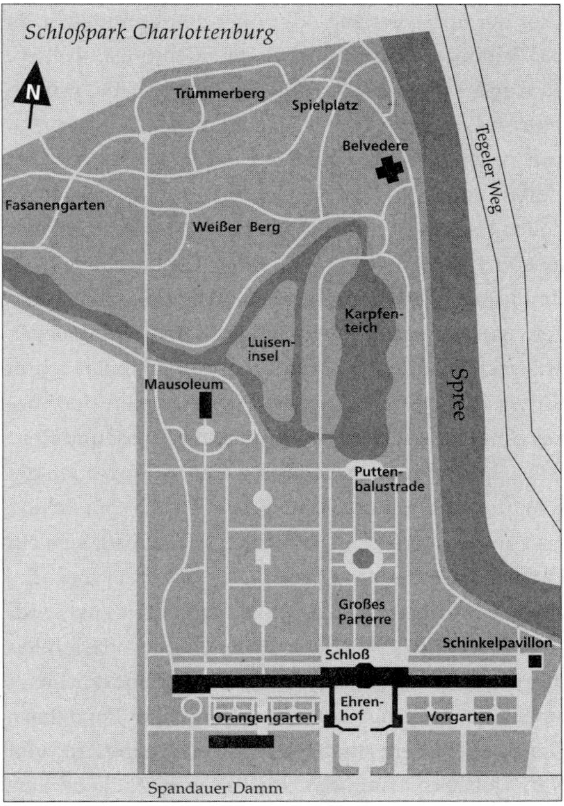

gesuchter Statuen und Möbel sowie einige Meisterwerke der romantischen Malerei. Werke von Caspar David Friedrich sind ebenso zu bestaunen wie Schinkels „Landschaft mit gotischen Arkaden". Ein Glanzstück ist Edouard Gaertners lebendiges und detailgenaues Panorama Berlins vom Dach der Werderschen Kirche, das das Stadtprofil des Jahres 1834 widergibt.

Vom Pavillon aus empfiehlt es sich, entweder am Ufer der Spree entlang oder über den unmittelbar an das Schloß anschließenden Garten Richtung Belvedere zu wandern. Die Pläne zu dem weiträumigen, französischen Garten im Barockstil stammen wahrscheinlich von Simon Godeau, einem Schüler Le Notres, der den Garten von Versailles angelegt hatte. 1787-1821 wandelten Johann August Eyserbeck, G. Steiner und Peter Joseph Lenné den Park in einen Landschaftsgarten um. Im II. Weltkrieg schwer in Mitleidenschaft gezogen, wurde der südliche Teil des Gartens im barocken Stil nach Plänen von Margarete Kühn und Joachim Kaiser 1950-67 rekonstruiert. Heute flaniert der Spaziergänger zwischen rasterförmigen Karrees und Rondells, Springbrunnen, Terrassen und zu Bosketten geschnittenen Bäumen. Diese Pracht reicht vom Schloß bis zum *Karpfenteich*. Nördlich davon schließt sich ein Landschaftsgarten mit Spielplatz, *Rodelbahn* und Liegewiese an, der im Osten von der Spree begrenzt wird.

Hier steht das *Belvedere*. Dieses *Teehaus* offeriert leider nicht das köstliche Heißgetränk, sondern bietet eine der erlesensten Sammlungen Berliner Porzellans. Der Bau selbst entstand 1788 nach einem Entwurf von Karl Gotthard Langhans. Im Krieg weitgehend zerstört, wurde das dreigeschossige Gebäude 1956-60 wiederhergestellt. Der ovale Turm mit vier Anbauten wirkt ungemein fragil und ist eines der ungewöhnlichsten Gebäude der Region.

Vom Belvedere aus geht es wieder Richtung Karpfenteich über die gußeiserne *Hohe Brücke* (1802) zur 1799 von Eyserbeck gestalteten *Luiseninsel*. Von dem 1989 rekonstruierten Eiland (beachtenswert sind die drei Statuen Luisenbüste, Venus von Medici und Amor) gelangt man über die *Lindenbrücke* wieder auf das „Festland" und nach einem kurzen Spazierweg zum *Mausoleum*. Der kleine Tempel mit dorischer Säulenfront – ein Werk Schinkels – entstand 1810 als Grabstätte für die legendäre Königin Luise. Zu besichtigen sind eine Reihe von Sarkophagen mit bildnerischem Schmuck, von denen Christian Daniel Rauchs schlafende Königin der berühmteste ist. Vor allem wenn die Sonne schräg durch die hoch gelegenen Nischen fällt, erhält das Mausoleum eine romantisch-düstere Atmosphäre. Das Portal des kleinen Tempels ist übrigens eine Kopie, das Original steht als *Luisentempel* auf der > PFAUENINSEL.

Eine Douglasienallee führt nun zurück zum Schloß. Vom Garten aus gesehen, wirkt der gut 500 m „breite" Bau noch langgestreckter als von der Hauptfront aus, wo die Querflügel diesen Eindruck etwas mildern. Wer dem hier beschriebenen Weg folgt, erreicht vom Garten aus zuerst den Theaterbau. Das 1787-91 nach Plänen von Langhans errichtete Gebäude wirkt im Vergleich mit dem sich anschließenden Orangerieflügel etwas zu wuchtig. Der Bau beherbergt noch das

Museum für Vor- und Frühgeschichte, das in einigen Jahren auf die *Museumsinsel* umziehen wird. Weltweit bekanntes Glanzstück der Sammlung war einst Heinrich Schliemanns in Troja ausgegrabener *Schatz des Priamos*. Über das internationale Tauziehen um das lange Jahre verschollene und dann in Rußland wiederaufgetauchte Original ist in der Presse in großem Umfang in der Presse berichtet worden. Immerhin ist eine Kopie zu besichtigen, die einen plastischen Eindruck vermittelt.

Zwischen Theaterbau und Hauptgebäude liegt der *Eosanderflügel* (benannt nach dem Baumeister Eosander von Göthe), auch bekannt als *Große Orangerie*. Der 143 m lange, eingeschossige Flügel mit einem Pavillon in der Mitte wird für Ausstellungen genutzt. Ihm gegenüber liegt die Alte oder *Kleine Orangerie*, die 1790 wahrscheinlich nach Plänen von Georg Friedrich Boumann errichtet wurde. In dem langgestreckten, eingeschossigen Bau mit Walmdach befindet sich heute ein Restaurant.

Von hier aus sind es nur wenige Schritt zurück zum Haupteingang des dreiflügeligen Kernbaus. Als ältester Bauteil entstand hier 1695-99 zunächst ein kleines Lustschloß für die Kurfürstin Sophie Charlotte. Mit elf Achsen Breite und zwei Vollgeschossen mit einem Mezaningeschoß Höhe (Entwurf: Arnold Nering, Ausführung: Martin Grünberg) hatte das Schloß ursprünglich etwa die Ausmaße von > SCHLOSS FRIEDRICHSFELDE. Nachdem Friedrich sich 1701 zum ersten Preußenkönig hatte krönen lassen, war dieses kleine Schloß allerdings nicht mehr standesgemäß. Der frischgebackene König ließ das alte Gebäude durch den Baumeister Johann Friedrich Eosander von Göthe verlängern und zu einer repräsentativen Dreiflügelanlage erweitern. In den Mittelbau wurde 1710 der 48 m hohe Kuppelturm integriert; die Fortunafigur (von Richard Scheibe) auf der Turmspitze kam jedoch erst 1952 hinzu. In östlicher Richtung schließt sich der schlichte, zweigeschossige *Knobelsdorfflügel* oder *Neue Flügel* (Georg Wenzeslaus von Knobelsdorff) an.

Das Innere des Schlosses bietet zahlreiche historische, nach den Kriegszerstörungen wiederhergestellte Räume sowie die *Galerie der Romantik*. Sie ist eine im Neuen Flügel untergebrachte Abteilung der *Nationalgalerie* mit 137 Gemälden aus dem 19. Jahrhundert, darunter herausragende Arbeiten von Eugène Delacroix, Caspar David Friedrich und Johann Christian Dahl. Das Schloßinventar dokumentiert weniger den zum Teil verlorenen Originalbestand als vielmehr die nach dem Krieg in West-Berlin aus anderen preußischen Schlössern verbliebenen Stücke. Deshalb befinden sich in den Innenräumen neben den Originalen, nicht selten aus unterschiedlichen Epochen, auch zahlreiche Rekonstruktionen. Durch die Größe und Dichte entsteht allerdings eine Atmosphäre, die historische Erinnerung mit höchster künstlerischer Qualität verbindet.

Schloß Charlottenburg ist heute die einzige in Berlin noch erhaltene Hohenzollernresidenz dieser Größe. Beinahe wäre sie, wie das > STADTSCHLOSSES 1950, der Spitzhacke zum Opfer gefallen. Dem Engagement von Margarete Kühn, der späteren Direktorin der Schlösser und Gärten, ist es zu verdanken, daß trotz erheblicher Schäden durch Luftangriffe im II. Weltkrieg in den 50er Jahren mit der Rekonstruktion begonnen wurde.

Wer das Schloß verläßt, dem sei noch empfohlen, einen genaueren Blick auf das mächtige *Reiterstandbild des Großen Kurfürsten* Friedrich Wilhelm im Ehrenhof des Schlosses zu werfen. Die um 1700 von Andreas Schlüter geschaffene Statue gilt als die bedeutendste Barockplastik im deutschsprachigen Raum und hat schon einige Reisen hinter sich. Am 17. Juni 1703 war sie anläßlich des 46. Geburtstages von König Friedrich auf der Langen Brücke, der heutigen Rathausbrücke in Mitte, aufgestellt worden. 1946 sollte das Denkmal über die *Spree* in ein Depot gebracht werden, dann aber sank der Kahn im Tegeler Hafen – und mit ihm Friedrich Wilhelm. Drei Jahre später wurde die Statue geborgen, und seit 1951 steht sie im Schloßhof von Charlottenburg.

SCHLOSS FRIEDRICHSFELDE

→ Am Tierpark 125, 10319 Berlin (Lichtenberg)
☎ 030 / 513 81 42
U Friedrichsfelde, Tierpark Tram 26, 27 Bus 108, 194, 296, 396
◷ März - September, Di-Sa 10-18 Uhr, So 13-18 Uhr; Oktober - März, Di-Sa 9-17 Uhr, So 13-17 Uhr DM 2,- (Verbundkarte mit dem Tierpark DM 10,50; Tierpark allein DM 10,-)
Derzeit genutzt als Dependance des **Stadtmuseum Berlin**

Schon auf den ersten Blick besticht Schloß Friedrichsfelde durch seine schlichte, klare Gliederung. Leicht antikisiert und formstreng steht es dem Betrachter gegenüber, der sich ihm, von den Pelikanen des > TIERPARKS kommend, nähert. Überhaupt bildet das Schloß einen reizvollen Kontrast zu seiner Umgebung: Das Trompeten der Elefanten vor dem Hintergrund des ebenso eleganten wie würdevollen Baus – das ergibt ein Gesamtkunstwerk, das seinesgleichen sucht.

Der Ursprungsbau *Schloß Rosenfelde* entstand um 1695, wahrscheinlich nach Plänen von Arnold Nering, für den kurfürstlichen General-Schiffahrtsdirektor Benjamin von Raule. In der Art eines holländischen Landhauses entwarf er ein Gebäude mit fünf Achsen, einem sehr niedrigen Erdgeschoß und zwei Obergeschossen. Die mittlere Achse war als Risalit vorgezogen und mit einer Freitreppe sowie einem Dreiecksgiebel versehen.

Als Raule später in Ungnade fiel, beschlagnahmte Friedrich III. den Besitz, und ließ das Schloß sowie das dazugehörige Dorf 1699 in Friedrichsfelde umbenennen. 1717 schenkte Friedrich Wilhelm I. das Anwesen dem Markgrafen Albrecht Friedrich von Brandenburg-Schwedt. Dieser ließ den Bau sowohl an der linken als auch an der rechten Seite um je drei Achsen erweitern und das Dach mit Plastiken schmücken. Das Schloß wechselte noch mehrfach den Besitzer, bevor es Herzog Peter von Kurland 1785 erwarb und eine umfassende Umgestaltung des Innern im frühklassizistischen Stil vornehmen ließ. Dabei entstand im ersten Obergeschoß der reich stuckierte Festsaal für rund 70 Gäste. Um 1800 erhielt das Friedrichsfelde seine heutige Gestalt mit Walmdach und großen, reliefgeschmückten Dreiecksgiebeln. 1816 kam es in den Besitz der Familie von Treskow, die 1821 den Garten nach einem Entwurf von Peter Joseph Lenné anlegen ließ.

Zwar überstand der Bau den II. Weltkrieg unbeschädigt, aber nun setzte ihm die Nachkriegszeit so stark zu, daß es an ein Wunder grenzt, daß das Schloß noch existiert: Kurz nach Kriegsende vertrieb zunächst die Rote Armee seine letzten Besitzer, die Familie von Treskow. Danach übernahm der Magistrat das Anwesen und nutzte es 1948/49 als Schulungsheim. Als 1955 der Tierpark eröffnete, residierten hier Verwaltung und Bewohner des Tierparks unter einem Dach: Ein Teil des Schlosses war zum Stallgebäude umfunktioniert worden. Der Bau verkam zusehends, sein Mauerwerk wurde immer poröser. Zudem hatte sich der Grundwasserspiegel so stark gesenkt, daß die das Schloß tragenden Pfähle zu faulen begannen. Auch den Innenräumen waren die Nutzer der Nachkriegszeit zersetzend zu Leibe gerückt. Nur wenige Originale der Ausstattung konnten gerettet werden, darunter das reich geschnitzte Treppengeländer von 1719. Der vom Magistrat erwogene Abriß wurde jedoch verhindert und das Anwesen 1973-81 gründlich renoviert. Insgesamt wurde der Zustand von 1800 wiederhergestellt, lediglich die „Marmorwände" sind eine Imitationen aus Rüdersdorfer Kalk und Weißkäse.

Zu besichtigen sind nunmehr 14 Schauräume mit Ausstattungsstücken unterschiedlicher Herkunft.

Der *Schloßpark* umfaßte ursprünglich nur die beiden von Kanälen begrenzten Parterreflächen nördlich und südlich des Schlosses. Das Nordparterre wurde 1988 rekonstruiert, das Südparterre ist modern gestaltet. In den auf Peter Joseph Lenné zurückgehenden Erweiterungsteilen fand schließlich der Tierpark seine Heimstatt. Berühmt sind mittlerweile die Schloßkonzerte, deren Besuch sehr empfohlen werden kann.

SCHLOSS KÖNIGS WUSTERHAUSEN

➔ Schloßplatz, 15711 Königs Wusterhausen
Ⓢ Königs Wusterhausen
Das Schloß ist zur Zeit nicht zu besichtigen, seine Wiedereröffnung für 1998 geplant. Der Park ist öffentlich zugänglich.

Im 14. Jahrhundert war die Burg Königs Wusterhausen eine der westlichsten Grenzfesten der Slawen. Zur Sicherung der Straße von der Lausitz bis nach Teltow diente sie den Wenden als Verteidigungspunkt gegen die deutsche Ostkolonisation. Die Fundamente und der auffällige Treppenturm des heutigen Schlosses stammen noch aus dem 16. Jahrhundert. Als Rittergut kaufte es Kurfürst Friedrich III., der 1701 zum „König in Preußen" erhoben worden war, und ließ es ab 1703 zum Jagdschloß umbauen. Da der zuständige Baumeister jedoch wenig später nach Berlin versetzt wurde, stockten die Arbeiten bald, um erst wieder unter König Friedrich Wilhelm I. aufgenommen zu werden. 1717/18 erhielt der Bau im wesentlichen sein heutiges Gepräge.

Zwei Satteldächer mit je zwei Giebeln sind in der Mitte durch ein Querdach verbunden. Der alte, runde Treppenturm trägt einen achteckigen Aufsatz mit Schweifhaube als Abschluß. Ein kleiner Vorbau mit einer flachbogigen Tür und einem hölzernen Giebel bildet den Eingang.

In Königs Wusterhausen ließ der „Soldatenkönig" seine „Leibcompagnie" exerzieren, und auch sich selbst – wenn man Theodor Fontane glauben darf –

härtete er hier fachmännisch ab. Doch nicht zuletzt wegen der „weidmännischen Festlichkeiten", die Friedrich Wilhelm immer wieder im Jagdschloß abhielt, ließ der Monarch 1724 und 1726-30 die im Innern äußerst schlicht ausgestattete Anlage beträchtlich erweitern. Am berühmtesten jedoch sind die „Tabakskollegien", die der Herrscher in Schloß Königs Wusterhausen veranstaltete. In dichtem Pfeifenqualm versammelte er hier sein „Kabinett" und erließ seine königlichen Weisungen. Auch an derben Späßen mit seinen Untergebenen soll der Moarch des öfteren seine Freude gehabt haben.

Nach seinem Tode 1740 wurde das Anwesen wenig genutzt, und 1810 mußte es zur Abtragung von Kriegsschulden verkauft werden. Die neuen Besitzer kümmerten sich vor allem um den Park, von dessen außerordentlicher Schönheit heute nur noch Pläne, darunter einige Zeichnungen des Landschaftsarchitekten Lenné, zeugen. Später nutzten die Kreisgerichtskommission und ein Amt gemeinsam das Schloß, bis die Verwaltung der Staatlichen Schlösser und Gärten 1927 hier ein *Jagdmuseum* einrichtete. Nach dem II. Weltkrieg quartierte sich bald eine Finanz- und Verwaltungsschule und später eine sowjetische Nachrichteneinheit ein. Die Renovierung des Gebäudes 1965-70 beschränkte sich auf die Rekonstruktion des Außenfassaden, anschließend zog ein Standesamt ein. Die Restaurierung des Schlosses sowie die Einrichtung eines Museums sind für die nächsten Jahre geplant.

SCHLOSS KÖPENICK

Schloßinsel Köpenick, 12557 Berlin (Köpenick)
030 / 657 15 04
S Spindlersfeld, dann Bus 167 S Köpenick Tram 26, 60, 61, 62, 67, 68 Bus 167, 360
Das Schloß beherbergt das **Kunstgewerbemuseum**:
Di-So 9-17 Uhr DM 4,-, So frei

Schloß Köpenick ist heute Brandenburgs bedeutendster barocker Profanbau aus der Zeit vor dem berühmten preußischen Baumeister Andreas Schlüter. Auf dem nördlichen Teil der sogenannten *Schloßinsel* Köpenick in der *Dahme* stand im 9. Jahrhundert ursprünglich eine slawische Burganlage, die vermutlich im 12. Jahrhundert durch eine größere Burg und im 16. Jahrhundert durch ein Jagdschloß ersetzt wurde. Nach dem Abriß des im Dreißigjährigen Krieg schwer be-

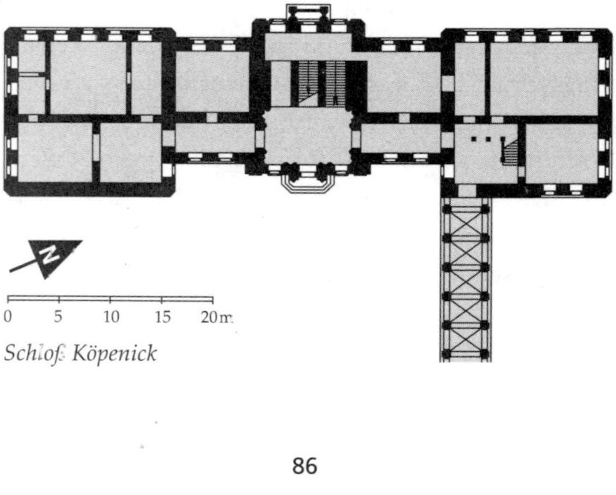

Schloß Köpenick

schädigten Renaissance-Jagdschlosses schuf der holländische Baumeister Rutger von Langfeld 1677-81 den noch heute erhaltenen Barockbau, der als sein Hauptwerk gilt. Die geplante Erweiterung zur Dreiflügelanlage ist wohl begonnen, aber nicht vollendet worden.

Berühmt wurde Schloß Köpenick durch die spektakulären Vorgänge des Jahres 1730. Kronprinz Friedrich, der schon früh in Konflikt mit seinem despotischen Vater, dem „Soldatenkönig", geriet, wagte einen Fluchtversuch aus dem Schloß. Er mißlang. Während der Kronprinz in Küstrin unter Arrest gestellt wurde, tagte im Oktober 1730 in Schloß Köpenick das Kriegsgericht gegen Leutnant Hermann von Katte, der dem Kronprinz und späteren König zur Flucht verhalf. Katte wurde zum Tode verurteilt und hingerichtet. Friedrich der Große war später einer der populärsten und umstrittensten preußischen Könige. (> SCHLOSS RHEINSBERG) Das Schloß als Gefängnis – ein Alptraum, der den Dramatiker Heiner Müller zu einem ebensodrastischen wie bildgewaltigen Stücke inspirierte. Der Titel: „Leben Gundlings Friedrich von Preußen, Lessings Schlaf Traum Schrei". Ab 1819 wurde Schloß Köpenick für einige Zeit sogar tatsächlich als Gefängnis genutzt. Heute beherbergt es Bestände des *Kunstgewerbemuseums* der *Stiftung Preußischer Kulturbesitz (SPK)* mit so exquisiten wie wertvollen Exponaten. Derzeit wird das Schloß rekonstruiert und das ursprünglich barocke Erscheinungsbild wiederhergestellt. Gegenüber dem Schloß befindet sich die 1682-85 nach Plänen von Johann Arnold Nering erbaute Schloßkapelle.

SCHLOSS LINDSTEDT

Lindstedter Chaussee, 14469 Potsdam
606, 634, 695
Das Schloß wird restauriert und ist zur Zeit nicht öffentlich zugänglich.

Obgleich nur knapp zwei Kilometer nördlich vom *Neuen Palais* gelegen, wird das kleine Schlößchen von vielen Besuchern der großen Potsdamer Parklandschaft oft schlichtweg übersehen. (> SANSSOUCI)

Friedrich Wilhelm IV. hatte bereits zu seinen Kronprinzenzeiten das Gutshaus des Oberjägers Achatius Daniel Lindstedt erworben, um sich hier einen Alterssitz einzurichten. Er selbst skizzierte die Umbaupläne und ließ das kleine Gebäude mit einem runden, von 16 Säulen getragenen Aussichtsturm schmücken sowie eine langgestreckte Kolonnade und einen Säulenportikus im Eingangsbereich hinzufügen. 1857-61 verwirklichte Baumeister Friedrich August Stüler des Königs Pläne, doch eingezogen ist der Monarch dort nie. Nur ein Jahr nach Baubeginn mußte er wegen Erkrankung die Regentschaft an Wilhelm I. übergeben und verfiel zusehends in geistige Umnachtung, bis er 1861 schließlich starb.

Auch die nachfolgenden Hohenzollern sollten Lindstedt nicht als Wohnsitz nutzen; das liebliche Schlößchen wurde eine Art Krankenstation für die von Masern oder Windpocken geplagten Hohenzollernsprößlinge. Der letzte preußische König und deutsche Kaiser, Wilhelm II., verkaufte Lindstedt 1917 schlußendlich an den Chef des Generalstabs des Feldheeres, Erich von Falkenhayn, dessen Strategie im I. Welkrieg, Frankreich „auszubluten", zum furchtbaren Stellungskrieg vor Verdun führte. 1922 starb Falkenhayn in Lindstedt.

Nach 1945 gaben sich hier die sowjetische Kommandantur, die Pädagogische Hochschule Potsdam und andere Institutionen die sprichwörtliche Klinke in die Hand, bis 1983 das Gerichtsmedizinische Institut in Lindstedt seinen Sitz nahm. Heute gehört das Schloß zum Besitz der *Stiftung Preußische Schlösser und Gärten,* die dort Konzerte, Vorträge und andere Veranstaltungen durchführt. Nur zu diesen Gelegenheiten kann das Haus besichtigt werden. Beachtenswert ist auch der von Lenné, Meyer und Hermann Sello gestaltete, streng geometrische und auf das Haus bezogene Garten. Seit 1985 wiederhergestellt, präsentieren sich dem Betrachter malerischer Pergolen, Laubengänge und Baumreihen, die großzügigen Rasenflächen einrahmen.

SCHLOSS NEUHARDENBERG

Karl-Marx-Allee 119, 15320 Neuhardenberg
033476 / 224
Strausberg, dann Bus E 130, E 141
Das Schloß wird restauriert und ist zur Zeit nicht öffentlich zugänglich.

Nahe Frankfurt/Oder liegt ein sehr sehenswertes klassizistisches Schloß, das Karl Friedrich Schinkel für den großen preußischen Reformer Karl August von Hardenberg entwarf. Der Staatskanzler hatte während des Wiener Kongresses von Friedrich Wilhelm III. die Güter Quilitz, Rosenthal und die Komturei Lietzen als Schenkung erhalten und 1815 zu „Neuhardenberg" zusammengefaßt. Das dazugehörige, 1763 von Knobelsdorff für den damaligen Besitzer, Rittmeister von Prittwitz, erbaute Herrenhaus ließ Hardenberg von Schinkel, der übrigens auch sein Berliner Stadtpalais ausgestattet hatte, deutlich erweitern. Die Grundstruktur des dreiflügeligen Herrenhauses wurde beibehalten, der Baumeister stockte das eingeschossige Gebäude jedoch um eine Etage auf, veränderte den Mittelrisalit geringfügig und ließ im Untergeschoß repräsentative Räume wie das Vestibül und den Gartensaal eingerichten. In den angrenzenden Räumen brachte man die Kunstsammlung von Hardenbergs unter.

Langgestreckte Wirtschaftsgebäude flankieren das Schloß, die schöne *Orangerie* mit Rundbogenfenstern ist noch erhalten, während der früher dort befindliche

Marstall nicht mehr steht. Den *Schloßpark* gestaltete Peter Joseph Lenné als Landschaftspark mit einem Teich und einer darüber gespannten Brücke. Von dort gelangte man einst zu dem schon für von Prittwitz nach Plänen von Schinkel 1803 erbauten Wasch- und Bleichhaus sowie dem Gartenhaus, die aber beide abgetragen sind.

1822 starb der preußische Staatskanzler; das Schloß blieb noch für mehr als 120 Jahre im Besitz der Familie. Es folgten einige Umbauten so – wurde im Jahr 1900 dem Gartensaal eine Treppe vorgelagert und in den 20er Jahren ein großer *Rosengarten* angelegt. Unter Carl Hans von Hardenberg entwickelte sich das Gut zu einem florierenden Landwirtschaftsunternehmen. Der entschiedene Gegner der Nationalsozialisten wurde nach dem mißglückten Attentat vom 20. Juli 1944 als Mitverschwörer verhaftet, sein Vermögen beschlagnahmt und er selbst in das KZ Sachsenhausen gesperrt. Dort erlebte er die Befreiung durch die sowjetischen Truppen, bevor die Familie das Gut durch die Bodenreform zum zweiten Mal verlor.

Nachdem zunächst eine Schule im Schloß untergebracht war, nutzte es ab 1978 die Kulturakademie des Bezirkes Frankurt/Oder. Ein Kulturverein, der seit 1990 hier seinen Sitz hatte, ging 1994 in Konkurs. Inzwischen verhandeln die Erben von Hardenbergs über eine Rückgabe des Anwesens, in dem eine internationale Begegnungsstätte entstehen soll.

SCHLOSS NIEDERSCHÖNHAUSEN

Tschaikowskistraße, 13156 Berlin (Pankow)
S Pankow U Vinetastraße, dann Tram 50, 52, 53 Bus 107, 150, 250, 350
Das Schloß ist nicht öffentlich zugänglich; **Schloßpark:** 16. April - 14. September täglich 9-21 Uhr, 15. September - 15. April täglich 9-19 Uhr

Schloß Niederschönhausen ist heute *Gästehaus der Bundesregierung*. Ebenso wie der direkt das Schloß begrenzende Teil des *Schloßparks* ist es der Öffentlichkeit nicht zugänglich. Wer dennoch einen Blick auf das Schloß erhaschen will, nähert sich dem Gebäude am besten von der Tschaikowskistraße. Da das Anwesen ansonsten von einer Mauer umgeben ist, kann es nur von dieser Seite her eingesehen werden.

Die Anlage geht zurück auf ein Rittergut, das 1662 als Landsitz der Gräfin von Dohna an der *Panke* erbaut worden war. Nachdem es 1691 in den Besitz des Kurfürsten Friedrich III. übergegangen war, wurde es von Johann Arnold Nering und Johann Friedrich Eosander von Göthe zu einer dreiflügeligen, repräsentativen Anlage umgebaut. Von 1740-97 lebte hier die von ihrem Mann, Friedrich dem Großen, verstoßene Königin Christine. Westlich des Geländes ließ sie 1753 eine Maulbeerplantage pflanzen, die zum Ausgangspunkt der *Schönholzer Heide* wurde. Nach Verwüstungen im Siebenjährigen Krieg sorgte Johann Boumann 1763/64 für den Wiederaufbau, erweiterte es zum bis heute erhaltenen Rechteckbau und gestaltete es im Innern mit friderizianischem Rokoko.

Im Nationalsozialismus war Niederschönhausen der Reichskammer der Bildenden Künste unterstellt. Diese ließ es 1935-36 umfassend restaurieren und nutzte es als *Kunstgalerie* sowie als Lager für Werke, die der „entarteten Kunst" zugerechnet wurden. Nach dem II. Weltkrieg hatte hier Wilhelm Pieck, erster Präsident der DDR, seinen Amtssitz, bevor 1960 der Staatsrat der DDR einzog, dessen Gebäude am Marx-Engels-Platz erst 1964 fertiggestellt war. Bis zur Vereinigung 1990 diente Schloß Niederschönhausen dann als Gästehaus der DDR-Regierung.

Der im 17. Jahrhundert angelegte *Schloßpark* wurde unter Friedrich I. im französischen Stil mit Pavillons, Bogengängen und Statuen erweitert, bevor ihn 1828-1831 Peter Joseph Lenné zum Landschaftspark umgestaltete. Im öffentlich zugänglichen Teil des Parks gibt es Spiel- und Sportplätze sowie das 1958-60 am südlichen Rand erbaute Freibad Pankow. Ein ca. 4,5 ha großer See mit Sprungturm dominiert die Anlage; neben Liegewiesen und Sportmöglichkeiten gehört seit 1973 auch eine Schwimmhalle zu dem Komplex.

SCHLOSS ORANIENBURG

➔ Schloßplatz 1-2, 16515 Oranienburg ☎ 03301 / 600
Ⓢ Oranienburg
◷ Zur Zeit nur mit Führung zu besichtigen, jeden letzten So im Monat um 10 Uhr, organisiert durch das **Kreisheimatmuseum Oranienburg:** ☎ 03301 / 38 63 DM 5,-

Schloß Oranienburg verdankt seine Erbauung der Gemahlin des Großen Kurfürsten, Henriette Luise. Sie wollte sich in dem kleinen Ort Bötzow nördlich von Berlin eine Residenz errichten lassen. Auf dem Grund eines mittlerweile zerfallenen Jagdschlosses, wo ursprünglich die Burg Bötzow gestanden hatte, errichtete Baumeister Johann Gregor Memhardt 1651-55 ein Wassserschloß nach holländischem Vorbild. Die Stadt wurde, bezugnehmend auf die Herkunft Henriette Luises, in Oranienburg umbenannt und sie selbst mit einer Statue verewigt, die heute vor dem Schloß steht. 1688 erweiterte Johann Arnold Nering das Anwesen zu einer U-förmigen Dreiflügelanlage und schuf unter anderem den Mittelrisalit mit vier allegorischen Figuren, den vier Jahreszeiten, die auch heute noch das Schloß krönen. Das Innere wurde von Johann Friedrich Eosander von Göthe prächtig ausgestaltet. Durch weitere Anbauten bis 1709 erhielt das Schloß schließlich einen H-förmigen Grundriß und wurde um einen *Lustgarten* ergänzt.

Etliche Jahre später erfuhr das Schloß eine wesentlich profanere Nutzung: Es wurde verkauft und als Fabrik genutzt. 1814 entstand hier die erste Schwefelsäurefabrik Preußens. Hier entdeckte der Chemiker Friedlieb Ferdinand Runge so wichtige Wirkstoffe wie Koffein, Anilin und Atropin. Nach dem Auszug des Chemiekonzerns verfiel das Schloß mehr und mehr und wurde erst in der zweiten Hälfte des 19. Jahrhunderts instandgesetzt und der Garten in einen Landschaftspark umgestaltet.

Heute ist der ursprüngliche Wasserschloßcharakter der Anlage nicht einmal mehr zu erahnen. Stattdessen lärmt der Durchgangsverkehr am Schloß vorbei und läßt so recht keine beschauliche Atmosphäre entstehen. Nur rechterhand erinnert ein kleiner Arm der *Havel* an die einstige Idylle. Derzeit präsentiert sich der gelbe Bau, der im II. Weltkrieg erheblich beschädigt und danach teilweise wiederhergestellt wurde, wegen Restaurierungarbeiten noch eingerüstet. Von den ursprünglich zwei zweigeschossigen Seitenflügeln von Eosander ist lediglich der linke noch vorhanden. Von der früheren prachtvollen Innenausstattung sind einige Deckengemälde erhalten. Wer das Schloß besichtigen möchte, wendet sich am besten an das *Kreisheimatmuseum Oranienburg* und vereinbart eine Führung. Ab und zu werden in den Sälen auch Konzerte und andere Veranstaltungen durchgeführt.

Links vom Schloß geht es durch ein beeindruckendes Gartenportal, 1690 von Johann Arnold Nering erschaffen, in den *Schloßpark.* Dort kann man die 1754/55 erbaute *Orangerie* betrachten oder aber gemächlich über weitläufige Rasenflächen flanieren.

SCHLOSS PETZOW

Zelterstraße 5, 14542 Werder/Petzow 03327 / 46 9 40
Babelsberg oder Potsdam-Stadt, dann Bus 631
ausführlich nur für Hotelgäste zu besichtigen

Du dämlicher Hund liegst blutend im Wald.
Ein preußischer Adliger machte Dich kalt.
Zitternd stand dein Junge dabei –
Mensch, Du warst Nummer 103!
Wälz dich im Dreck – aber mach keine Szene.
Auf Dich schoß nicht schlecht
Weidknecht: Kaehne...

Diese bissig-schauerlichen Zeilen, die Kurt Tucholsky 1922 in der „Weltbühne“ veröffentlichte, verweisen auf das wenige Kilometer südwestlich von Potsdam am *Schwielowsee* gelegene Petzow und die Familie Kaehne mit ihrem höchst zweifelhaften Ruf: Nach dem Ende des 30jährigen Krieges hatte Petrus Koehnen, unbeeindruckt von der allgemeinen Depression, das Lehenschulzenamt Petzow erworben, samt einer Reihe abgabenfreier Ländereien, einem Fischwehr und dem Bierschankrecht. Den Reichtum der Familie aber begründete der Glindower Ton, eine etwa 6 m mächtige Schicht aus fetter Tonerde, die zu Ziegeln gebrannt und in das expandierende Berlin verkauft wurden.

Anfang des 19. Jahrhunderts trat Carl Friedrich August Kaehne in die Fußstapfen seiner Vorfahren und vermehrte den Besitz innerhalb weniger Jahre beträchtlich. Er ließ das neue Schloß errichten, das sich dem Betrachter, wie Fontane schrieb, in einer merkwürdigen „Mischung von italienischem Kastell- und englischem Tudorstil" präsentiert. Der Dichter war allerdings wenig von dem 1825 fertiggestellten Schloß beeindruckt: „Der Bau, wie er sich unter Efeu und Linden darstellt, wirkt pittoresk genug, ohne daß er im übrigen besonders zu loben wäre". Harsche Worte für einen Entwurf, der dem großen Baumeister Karl Friedrich Schinkel zugeschrieben wird. Schinkel, der wie Lenné zu den Freunden Kaehnes gehörte, soll bei einer Kaffeetafel einige Skizzen gefertigt haben, nach denen das Schloß dann errichtet wurde. Zu beweisen ist das allerdings nicht, und angesichts der architektonischen Ungereimtheiten und Stilbrüche erscheint es eher unwahrscheinlich.

Dennoch kann auch Petzow mit Schinkel-Bauten aufwarten. Die Pläne zur *Schmiede*, die heute ein Restaurant beherbergt, das verfallene *Waschhaus* und die *Kirche auf dem Grelleberg* sind nach seinen Plänen gebaut

worden. Vor allem das 1842 durch König Friedrich Wilhelm IV. eingeweihte Gotteshaus ist ein kleines Meisterwerk. Ungewöhnlich für die Gegend, stehen Turm und Kirche voneinander getrennt und sind nur durch einen kleinen Bodengang verbunden. Der Turm mit seiner achteckigen Spitze kann bestiegen werden und bietet einen wunderbaren Rundblick.

Kernstück des kleinen Parks, den Peter Joseph Lenné in seine Gesamtplanung für die Potsdamer Region einbezogen hatte und an dessen Gestaltung er beteiligt war, ist der malerische, über einen kleinen Kanal mit dem Schwielowsee verbundene Haussee. An dieser Stelle gibt es einen kleinen Strand, der vor allem an den Sommerwochenenden gut besucht ist. Gefährlich sind dort heute nur noch die gelegentlich ungewöhnlich hohen Wellen.

Noch vor einigen Jahrzehnten barg es allerdings weitaus größere Risiken, sich dort aufzuhalten. Ab Mitte des 19. Jahrhunderts verteidigte die Familie Kaehne, die sich mehrfach durch politische Unruhen und Diebstähle bedroht sah, ihren Besitz in brachialer Weise. Mehrere Menschen kamen dort unter zum Teil mysteriösen Umständen ums Leben, und vor allem während der Jagdsaison hielt man sich besser fern von

Schloß und Park. Selbst dem Kronprinzen Wilhelm, der im Jahr 1910 einmal mit Gefolge unangemeldet im Park picknickte, wurde nahegelegt, diesen schleunigst zu verlassen. 1922 verirrten sich zwei Automobilisten auf dem Gelände. Die Gutsherrin richtete kurzerhand den Gartenschlauch auf sie, und der Gutsherr jagte den Flüchtenden einige Kugeln hinterher. Ein Jahr später wurde ein Arbeiter erschossen aufgefunden. Mindestens 17 Fälle von Waffenmißbrauch sind gerichtsnotorisch geworden. Diese Tradition, gegen die Tucholsky mit seinem Gedicht polemisierte, hatte einer der Herren von Kaehne vor Gericht einmal wie folgt begründet: „Ich habe meinen Sohn instruiert, jedem Spitzbuben eine draufzuknallen. Das ist so Brauch in Petzow."

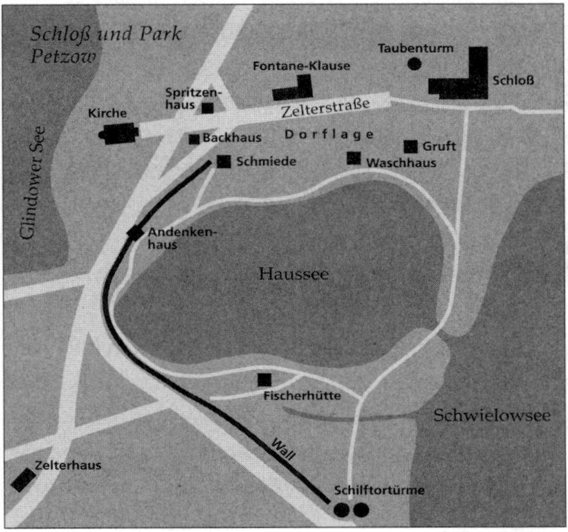

SCHLOSS RHEINSBERG

Schloßstraße, 16829 Rheinsberg 033931 / 21 05
April - Oktober 9.30 - 17 Uhr, November - Januar 9.30-15.30 Uhr; Februar - März 9.30-16.30 Uhr; Pause 12.30-13 Uhr; Mo geschlossen
5,- DM (inklusive Tucholsky-Gedenkstätte)
KURT TUCHOLSKY-Gedenkstätte: November - März 9.30-16.30; Pause 12.30-13; April - Oktober 9.30-17 Uhr; Mo geschlossen
DM 2,- (DM 5,- mit Schloß)

„Dies ist ein ehrwürdiges Schloß. Sie werden die Erinnerung daran Ihr ganzes Leben bewahren." Große Worte, mit denen der weise, abgeklärte Schloßkastellan in Kurt Tucholskys berühmtem Roman „Rheinsberg – Ein Bilderbuch für Verliebte" aus dem Jahr 1912 das Anwesen charakterisiert. Aber es stimmt: Rheinsberg ist eine Perle. Hell und leicht, wie über dem See schwebend, präsentiert das Wasserschloß dem Betrachter seine ungewöhnliche Silhouette mit den markanten Rundtürmen.

Einst stand hier ein Rittergut, das aber 1566 vollständig abbrannte. An seiner Stelle entstand für die Familie von Bredow ein neuer Renaissancebau, der mehrfach den Besitzer wechselte, bevor ihn 1734 der Preußenkönig Friedrich Wilhelm I. erwarb. Rheinsberg wurde Residenz des Kronprinzen Friedrich (Friedrich der Große), dessen Infanterieregiment im wenige Kilometer südlich gelegenen Neuruppin stationiert war. Unter dem Kronprinzen wurde die Anlage erheblich erweitert. Es entstand die heute U-förmige Schloßanlage, deren Planung zumeist Georg Wenzeslaus von Knobelsdorff zugeschrieben wird, die nach neueren Forschungen aber wohl schon von dem Baumeister Johann Gottfried Kemmeter stammte. Kemmeter baute den südlichen Klingenbergflügel aus und verband diesen mit der Corps de Logis. Knobelsdorff, der dem Prinzen bereits in Neuruppin den > TEMPELGARTEN angelegt hatte, gestaltete das Kronprinzenpalais und vollendete 1737-39 die Dreiflügelanlage, die als eines des Hauptwerke der Architektur des frühen friderizianischen Stils gilt.

In den Jahren 1744-1802 war das Schloß die Residenz Prinz Heinrich von Preußens, Bruder des 1740 zum König gekrönten Friedrich II. Dieser ließ einen Teil der Schloßräume im klassizistischen Baustil durch Carl Gotthard Langhans den Älteren und Carl Wilhelm Hennert erneut verändern. Die Eingangsfront zur Stadtseite hin wurde von Friedrich Boumann dem Jüngeren 1786 durch Eckpavillons erweitert, und 1802 erhielten die beiden ursprünglich von Balustraden bekrönten und begehbaren Rundtürme ihre charakteristischen Kegeldächer.

Vom einst prächtigen Schloßinventar ist heute nur wenig erhalten. Zum einen wurde es nach dem Tod des Prinzen 1802 versteigert und verschenkt, zum anderen fiel es Plünderungen nach dem II. Weltkrieg zum Opfer. Es folgten Jahre der profanen Nutzung. 1953-91 beherbergte Rheinsberg ein Diabetiker-Sanatorium, das entsprechende Umbauten erforderte und seine Spuren hinterlassen hat. Die nach dem Zusammenbruch der DDR begonnen Restaurierungsarbeiten werden noch Jahre andauern, aber inzwischen sind einige Räume wiederhergestellt und mit Mobiliar aus-

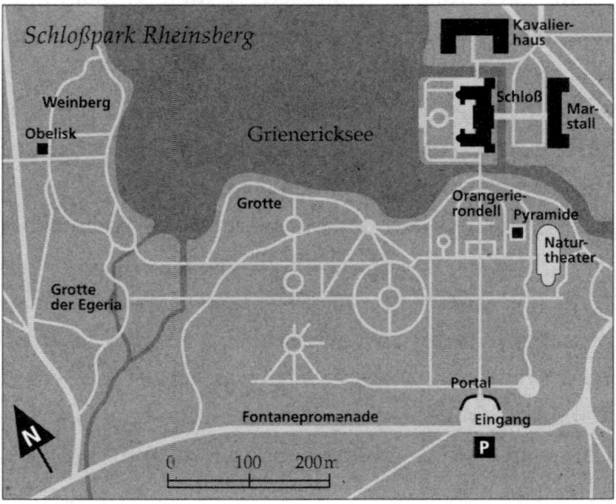

gestattet worden. Der Spiegelsaal, die beiden Turmkabinette, das Audienzzimmer (Rittersaal) und das Vestibül (Garten- oder Billardsaal), alle aus der Zeit Friedrichs II., geben einen überzeugenden Eindruck von den gelungenen Restaurierungsarbeiten. Im Spiegelsaal, an dem sich der friderizianische Baustil à la Knobelsdorff exemplarisch studieren läßt, finden die mittlerweile berühmten Rheinsberger Konzerte statt. Besonders bemerkenswert sind das Deckengemälde von Antoine Pesne („Apollo vertreibt die Finsternis“) und der 1769 nach Entwürfen von Hennert und Langhans gestaltete Muschelsaal mit vergoldetem Stuck, Pilastergliederung in Grün und Gelb sowie Gehänge aus Muscheln und Korallen.

Im *Schloßpark* ist das ursprünglich von Knobelsdorff angelegte Achsensystem noch zu erkennen. Zu besichtigen sind hier das Grabmal des Prinzen Heinrich in Form einer *Pyramide* und ein Naturtheater. Etwas abseits vom See gelegen, befindet sich ein Grottengebäude. Von der auf dem westlichen Seeufer wahrscheinlich um 1740 von Knobelsdorff angelegten Terrasse (der *Obelisk* wurde hier aufgestellt) aus ergibt sich ein wunderschöner Blick auf die Rückfront des Schlosses.

Die ungewöhnlichste Rheinsberger Attraktion liegt jedoch im Schloß gleich neben dem Eingang. Hier befindet sich die kleine *KURT TUCHOLSKY-Gedenkstätte*. Zu seinem Rheinsberg-Büchlein gibt es einen liebevoll ausgestatteten Raum mit schönen Exponaten. Daneben bietet die Ausstellung weitere Informationen zum Werk des Schriftstellers, der noch heute für Schlagzeilen sorgt. Tucholsky wäre wohl manch bissige Formulierung eingefallen zum Streit um seine aus dem Zusammenhang gerissenen Satzfetzen „Soldaten sind Mörder", durch den sich die Bundeswehr heftig provoziert fühlt. Sogar das Verfassungsgericht mußte sich mit dem Fall beschäftigen und öffentlich bescheinigen, was man schon wußte: daß eine 1955 gegründete Institution nur schwer die Worte eines Autors übelnehmen kann, der sich zwanzig Jahre zuvor in Schweden das Leben nahm.

An lauen Rheinsberger Sommerabenden kommt einem dieser Streit reichlich absurd vor. An solchen Tagen ruht die Politik, und es spricht ein andere Stimme: „Ein kühler Wind", schreibt Tucholsky über das brandenburgische Land, „strich vom See herüber. Die Uferlinien waren unendlich fein geschwungen, die hellblaue Fläche glänzte matt."

SCHLOSS TEGEL

➔ Adelheidallee 19-21, 13507 Berlin (Reinickendorf)
☎ 030 / 434 31 56
U Alt-Tegel Bus 120, 124, 125, 133, 222, 224, 815
◷ Mai - September, Mo 10 - 12, 15 - 17 Uhr

Das auch als *Humboldtschloß* bekannte Schlößchen Tegel ist der einzige märkische Herrensitz, der noch im Besitz von Nachkommen der früheren Eigentümer ist. Nur während der Sommersaison sind Haus und Park zeitweise für Besucher geöffnet.

Das 1558 errichtete Herrenhaus des *Gutshofs Tegel* wurde einst vom Großen Kurfürsten Friedrich Wilhelm als Jagdschloß genutzt. 1766 gelangte es durch die Heirat des preußischen Kammerherrn Major Ale-

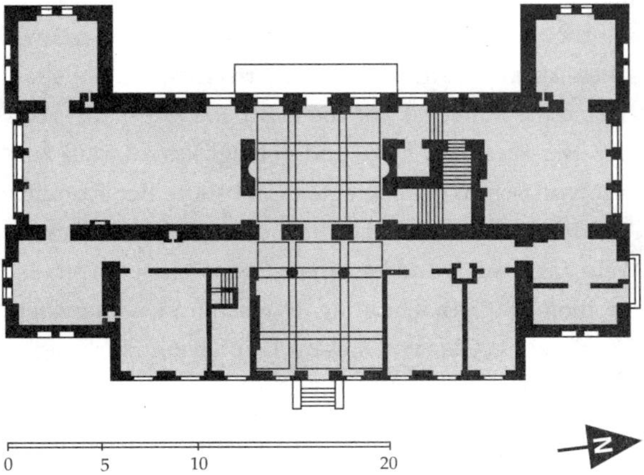

Schloß Tegel

xander Georg von Humboldt mit Marie Elisabeth von Holwede in den Besitz der Humboldts. Dieses Paar hatte zwei berühmte Söhne: Wilhelm ist vor allem als Gründer der gleichnamigen Berliner Universität bekannt, Alexander, der Erforscher Lateinamerikas und Bezwinger des Chimborasso, gilt allen Abenteurern und Globetrottern als Ahnherr.

Wilhelm von Humboldt ließ sich Schloß Tegel 1820-24 durch Karl Friedrich Schinkel zum Altersruhesitz ausbauen. Das vorhandene Renaissancegebäude bildete dabei die Eingangsseite einer klassizistischen Vierflügelanlage mit Ecktürmen. Die innere Gestaltung des Hauses war auf von Humboldts Antikensammlung abgestimmt.

Der bereits 1777-89 von Gottlob Johann Christian Kunth angelegte *Schloßpark* wurde durch Peter Joseph Lenné in den 1820er Jahren neu gestaltet. Der Park hat sich bis heute nur wenig verändert. Wer vom Schloß aus Richtung Westen über die 1792 angelegte, inzwischen zum Naturdenkmal erklärte Lindenallee spaziert, trifft zunächst auf die etwa 400 Jahre alte *Wilhelm-von-Humboldt-Eiche* und gelangt kurz darauf zur 1829 von Schinkel angelegten Grabstätte der Familie. Auf der großen Wiese nördlich der Allee wurde einst Wein angebaut – und bei einem Spaziergang an einem warmen Herbstnachmittag wünschte sich mancher Wanderer ein Glas von diesem Tropfen zur Stärkung.

STADTSCHLOSS BERLIN UND POTSDAM

Nicht wenige Berliner möchten es wiederhaben: das Stadtschloß der Hohenzollern. Auf einem Teil des ehemaligen Grundrisses steht heute der heftig umstrittene *Palast der Republik*. Ansonsten gähnende Leere am zentralen Platz der Hauptstadt, und was immer geschehen wird – ob Sanierung oder Abriß des Palastes, ob Wiederaufbau des Schlosses oder Bau eines modernen Gebäudes – hinterher sitzt, frei nach Tucholsky, mindestens die halbe Republik auf dem Sofa und „nimmt übel".

Dabei hätte das alte Schloß gerettet werden können. Zwar war es im II. Weltkrieg stark beschädigt worden, aber die Beschädigungen etwa von > SCHLOSS CHARLOTTENBURG waren weitaus größer. Die SED hingegen wollte hier die architektonische Visitenkarte ihrer Republik abgeben und ließ das Schloß trotz internationaler Proteste 1950/51 abreißen. Seit der Vereinigung bemühen sich nun Schloßliebhaber darum, den Wiederaufbau am alten Ort durchzusetzen. Gebäudefragmente aus dem Abriß wurden zusammengesucht, und im Sommer 1994 veranschaulichen Wilhelm von Boddiens bemalte Stoffbahnen an Stahlgerüsten, wie ein neues altes Stadtschloß das Zentrum von Mitte „reparieren" könnte.

Im Grunde ist der Schloßstreit ein typisch Berliner Streit, durchaus symptomatisch für die gesamte hauptstädtische Architekturdebatte der 90er Jahre: Man diskutiert über Fassaden und nicht über Inhalte. Vielleicht käme ein neuer Ton in die Debatte, wenn man zuerst überlegte, welche Funktion für diesen geschichtsträchtigen Ort am angemessensten wäre. Eine Demokratie, der an der Schwelle zum dritten Jahrtausend zum zentralen Platz ihrer Hauptstadt nichts Besseres einfällt als eine Schloßrekonstruktion, ist jedenfalls nicht von innovativem Geist beseelt.

Die Bedeutung des verlorenen Schlosses ist unbestritten: Über 500 Jahre war das Berliner Stadtschloß Residenz der brandenburgischen Markgrafen und Kurfürsten, später der preußischen Könige und deutschen Kaiser. Die ursprünglich 1443-51 unter Kurfürst Friedrich II. erbaute mittelalterliche Burganlage war nach knapp einhundert Jahren zu klein geworden, so daß Kurfürst Joachim II. 1538 durch Caspar Theyss die Burg in ein repräsentatives, dreistöckiges Renaissanceschloß umbauen ließ.

Durch die zahlreichen An- und Umbauten glich das Schloß mit der Zeit einem Sammelsurium unterschiedlicher Baugruppen und -stile. Nach dem Willen von Kurfürst Friedrich III., des späteren ersten Preußenkönigs, sollte das Schloß durch einen einheitlichen Barockbau ersetzt werden. Sein Baumeister Andreas Schlüter gestaltete ab 1698 die Südfassade am Schloßplatz mit den Portalen I und II, die Nordfassade am > LUSTGARTEN mit dem Portal V sowie den östlichen inneren Schloßhof. Aber ein Bauskandal beendete Schlüters Berliner Karriere: Sein 90 m hoher *Münzturm*, der in unmittelbarer Nähe in den Himmel wuchs, drohte einzustürzen und mußte abgetragen werden – und der berühmte Baumeister mußte seinen Hut nehmen.

Sein Nachfolger, Johann Friedrich Eosander von Göthe, schuf 1706-13 den Lustgarten-Flügel mit dem Portal IV und den neuen Westflügel mit dem Hauptportal. Das Schloß war nun auf die doppelte Größe gewachsen und verfügte über einen zweiten, den sogenannten äußeren Schloßhof. Die auf vielen Abbildungen zu bewundernde mächtige Kuppel über dem Hauptportal kam jedoch erst später hinzu. Friedrich August Stüler krönte damit die neue Kapelle, die er 1845-53 für Friedrich Wilhelm IV. im Westflügel errichtet hatte. Der letzte deutsche Kaiser, Wilhelm II., ließ schließlich die Räume im Westflügel neu gestalten und an der Spreeseite eine Terrasse mit Landungsplatz anlegen. Dies war die letzte hochherrschaftliche Umbaumaßnahme am Schloß. Nach der Novemberrevolution 1918 mußte der Kaiser abdanken und ging ins holländische Exil. Zwei Jahre später zog das *Kunstgewerbemuseum* im Schloß ein, nahm wichtige Kunstwerke des Schloßinventars in die Sammlung auf und präsentierte diese als *Schloßmuseum Berlin* der Öffentlichkeit. 1944 trafen mehrere Bomben das Gebäude, am 3. März 1945 brannte es schließlich völlig aus.

Einige der im und um das Schloß herum aufgestellten Plastiken sind noch erhalten und zu besichtigen. So steht die *Bronzegruppe Heiliger Georg mit dem Drachen* aus dem westlichen Schloßhof (1865, August Kiss) heute am Spreeufer im *Nikolaiviertel* und der 1891 auf dem *Schloßplatz* enthüllte *Neptunbrunnen* von Reinhold Begas ist heute auf dem Platz vor dem Berliner Rathaus zu bewundern. Das gleichfalls von Begas geschaffene *Nationaldenkmal für Kaiser Wilhelm I.* wurde im II. Weltkrieg zerstört. Die Löwen aus dem Denkmalsockel sind heute Teil der *Löwengruppe* vor dem *Alfred-Brehm-Haus* im > TIERPARK BERLIN in Friedrichsfelde.

Das größte noch erhaltene Schloßfragment ist das Portal IV, das einst die Fassade gegenüber dem Lustgarten schmückte. Weil Karl Liebknecht am 9. November 1918 vom Balkon aus die „Freie sozialistische Republik" ausgerufen hatte, bewahrte es die DDR auf und integrierte es 1962 in die Südfassade des *Staatsratsgebäudes,* wo es heute noch zu besichtigen ist.

Ähnlich wie in Berlin wogte auch in Potsdam die Debatte, ob denn das verlorene Stadtschloß wiederaufzubauen sei. Allerdings gab es in Potsdam bis dato keine derart spektakuläre Aktion wie die Simulation des Berliner Pendants durch bemalte Stoffbahnen – vielleicht ein Hinweis darauf, daß die Potsdamer die Angelegenheit etwas gelassener angehen.

Das Potsdamer Schloß wurde 1662-69 unter dem Großen Kurfürsten Friedrich Wilhelm am Alten Markt errichtet, wo ursprünglich eine mittalterliche Burg thronte. Ende des 17. Jahrhunderts erfolgte ihr Ausbau zu einer repräsentativen dreiflügeligen Anlage und Andreas Schlüter gestaltete den Hauptsaal. Das berühmte Fortunaportal, durch das man auf den Ehrenhof gelangte, schuf Jean de Bodt 1701.

Friedrich der Große erteilte 1744 Georg Wenzeslaus von Knobelsdorff den Auftrag zur Erweiterung des Schlosses. Nach dessen Plänen vollendet, galt es als eines der bedeutendsten Bauwerke des friderizianischen Barocks. Während man sich bei der Gestaltung des

Äußeren an einer klassischen palladianischen Architektur orientierte, wurde das Innere verschwenderisch ausgeschmückt. Neben Knobelsdorff waren unter anderem Johann August Nahl und Johann Christian Hoppenhaupt beteiligt. Friedrich nutzte das Stadtschloß als Winterresidenz, nachdem er > SANSSOUCI seit 1747 als Sommerresidenz bewohnen konnte. Berühmte Zeitgenossen wie Goethe und Voltaire machten dem Monarchen hier ihre Aufwartung.

Nach dem Untergang der Monarchie 1918 bezogen das Parlament und die Stadtverwaltung Räume im Schloß. Zum Ende des II. Weltkriegs fiel es am 14. April 1945 mitsamt anderer architektonisch bedeutender Werke der Potsdamer Altstadt einem Bombenangriff zum Opfer und wurde schwer beschädigt. Im November 1959 beschloß die Stadtverordnetenversammlung den Abriß, und ein Jahr später war die einstige Hohenzollernresidenz verschwunden. Erhalten blieb lediglich der 1685 von Nering geschaffene, ursprünglich als *Orangerie* konzipierte, später als *Marstall* verwendete Bau sowie die *Kolonnade* am Ufer der *Havel*, wo die Ausflugsdampfer anlegen.

Der Verlust der Stadtschlösser in Berlin und Potsdam hat Lücken hinterlassen – architektonisch wie inhaltlich. Nach dem der Versuch der DDR, sie zu füllen, gescheitert ist, bleibt abzuwarten, welche Antwort die Bundesrepublik auf diese Herausforderung finden wird.

GROSSTADTPARKS

Bürgerpark Pankow
Ernst-Thälmann-Park
Frankepark
Görlitzer Park
Großer Tiergarten
Insulaner
Lietzenseepark
Schillerpark
Schustehruspark
Treptower Park
Viktoriapark
Volkspark am Weinberg
Volkspark Anton Saefkow
Volkspark Friedrichshain
Volkspark Hasenheide
Volkspark Hohenschönhausen
Volkspark Humboldthain
Volkspark Jungfernheide
Volkspark Mariendorf
Volkspark Prenzlauer Berg
Volkspark Rehberge
Volkspark Schönholzer Heide
Volkspark Wilmersdorf
Volkspark Wuhlheide
Weißenseer Park

BÜRGERPARK PANKOW

➔ zwischen Kreuzstraße, Wilhelm-Kuhr-Straße und Cottastraße, 13187 Berlin (Pankow)
Ⓢ Wollankstraße, Pankow Tram 52, 53 Bus 107, 155

Wer zum ersten Mal den an den Ufern der *Panke* gelegenen Bürgerpark besucht und sich ihm vom Pankower Rathaus aus nähert, steht plötzlich vor einem der auffallendsten Berliner Parkeingänge: das reich ornamentierte, triumphbogenartige Portal ist die einzige erhaltene Gartenarchitektur der einst zahlreichen Exemplare der Stüler-Schule. Den erhöhten, mittleren Rundbogen tragen eingestellten Doppelsäulen, und über seinem ausladenden Gesims ist die Attika mit allegorischen Skulpturen und Putten geschmückt. Die seitlichen Durchgänge sind von Vasen bekrönt, die schmiedeeisernen Torgitter stammen aus der Zeit um 1860.

Der ca. 12 ha große Bürgerpark selbst beeindruckt besonders durch seinen Bestand an seltenen und alten Bäumen: 150 Jahre und mehr zählen die Eßkastanien, der Zuckerahorn, die Tulpen- und Maulbeerbäume; eine Sumpfzypresse ist sogar zum Naturdenkmal erklärt worden. Tierfreunden bietet der Park ein beachtliches *Freigehege* mit Zwergziegen sowie *Volieren* mit Pfauen, Fasanen und seltenen Tauben. Wer sich aber einfach nur entspannen oder vielleicht ein wenig unterhalten möchte, dem sei die kleine Parkbibliothek am Eingangstor ans Herz gelegt. Neben Büchern, Zeitschriften oder Zeitungen kann man sich hier auch Liegestühle ausleihen und im Sommer gemütlich auf der Wiese schmökern oder einem der beliebten Sommerkonzerte lauschen.

Öffentlich zugänglich ist die Anlage erst seit Anfang dieses Jahrhunderts, vorher war der Park Privatbesitz: Baron Kilisch von Horn, der Begründer der Berliner Börsenzeitung, ließ sich 1854 auf dem Gelände einer ehemaligen Papiermühle Herrenhaus und Park errichten. Als Emporkömmling mit gekauftem Adelstitel legte er zumindest seinen Park standesgemäß an: mit Grotten, künstlichen Höhlen und Felsen, einer indischen Pagode, Plastiken und einem Nagetierfreigehege, der *Mäuseburg*. Kilisch verlor jedoch bald das Interesse am Park, der daraufhin verwilderte und Bauspekulanten in die Hände zu fallen drohte. Im letzten Augenblick erwarb 1907 die Gemeinde Pankow die Anlage und gab ihr den heutigen Namen.

Das Herrenhaus wurde zum Gartenrestaurant mit Musikpavillon; Tiergehege, Wasserspiele und weitere Plastiken wurden ergänzend angelegt. Im II. Weltkrieg nahm der Park erheblichen Schaden, kein Gebäude überstand die Luftangriffe. Während der Rekonstruktion 1965-68 wurde das Eingangstor zwar wiederhergestellt, die Überreste von Herrenhaus, Restaurant und Mäuseburg, in der sich zuletzt Meerschweinchen tummelten, aber abgerissen.

Beachtenswert ist schließlich der kleine Überblick über die DDR-Bildhauerei, den der Spaziergänger im Bürgerpark Pankow gewinnen kann. Zu sehen sind unter anderem eine *Natursteinbüste des Schriftstellers Heinrich Mann*, 1954 geschaffen von Gustav Seitz; eine *Bronzestatue des Dichters und ersten Kulturministers der DDR, Johannes R. Becher*, 1964 gestaltet durch Fritz Cremer; eine *Bronzegazelle* von Walter Sutkowski (1964) und zwei *Spielende Knaben* von Gerhard Rommel (1970). Besonders bemerkenswert ist aber das *Denkmal des tschechoslowakischen Widerstandskämpfers Julius Fučik*. An den 1893 geborenen und 1943 von der Gestapo ermordeten Journalisten und Schriftsteller erinnern fünf künstlerisch gestaltete Kunststeinstelen, eine davon mit bronzener Hochreliefbüste. Die Lebensgefährtin Fučiks hatte die von Zdenek Némecek gestaltete Plastik anläßlich der X. Weltfestspiele der Jugend und Studenten 1973 an Berlin übergeben. Lange noch erinnert sich der Besucher an die ungewöhnlichen Mahnworte, mit denen das Denkmal den Betrachter entläßt: „Menschen, ich hatte euch lieb, seid wachsam!"

ERNST-THÄLMANN-PARK

Zwischen Greifswalder Straße, Dimitroffstraße, Ella-Kay-Straße, Stargarder Straße und Prenzlauer Allee; 10409 Berlin (Prenzlauer Berg)
S Greifswalder Straße, Prenzlauer Allee Tram 1, 2, 3, 4, 20
Bus 100, 156, 257

Zeiss-Großplanetarium Berlin: Prenzlauer Allee 80, 10405 Berlin 030 / 421 84 50; **Schwimmhalle Thälmannpark:** Lili-Henoch-Straße 1, 10405 Berlin 030 / 429 38 42

Der 1986 eröffnete, 26 ha große Wohn-Park im Bezirk Prenzlauer Berg galt zu DDR-Zeiten als beispielhafte „sozialistische Städtebaukonzeption", mit der die SED den Arbeiterführer Ernst Thälmann (und sich selbst) zu ehren gedachte. Zwischen vergleichsweise abwechslungsreich gestalteten Plattenbauten (mit Schwimmhalle, Cafés und Restaurants) liegen allerdings eher reizlose Grünanlagen.

Den Eingangsbereich an der Greifswalder Straße (auf der anderen Straßenseite schließt sich der > Volkspark Anton Saefkow an) schmückt (noch) das riesige *Thälmann-Denkmal* des sowjetischen Bildhauers Lew Kerbel: Auf dem inzwischen mit Graffitis versehenen Granitsockel ruht eine Bronzebüste Thälmanns mit den obligatorischen Revolutionskennzeichen: Geballte Faust vor wehender Fahne mit Hammer und Sichel.

Dichte Bepflanzung schirmt den Denkmalplatz von der übrigen Parkanlage ab. Rechts führt ein Weg zu unscheinbaren Grünflächen und einem Biotop. Das

Schild „Baden aus gesundheitlichen Gründen verboten" macht eventuelle Erwägungen, sich ins kühle Naß der mit Beton eingefaßten Anlage zu stürzen, von vorneherein zunichte. Wer sich vom Denkmal aus nach links wendet, gelangt zu einem *Rosengarten* und dem Spielplatz an der Ecke Greifswalder Straße/Dimitroffstraße. Die alten Klinkerbauten westlich davon gehörten ursprünglich zu dem 1874-1981 auf dem Gelände betriebenen Gaswerk. Heute sind hier das Kulturhaus mit Theater, Galerie, künstlerischen Werkstätten und dem Musikzentrum „Die Wabe" untergebracht. Die großen Gasometer sollten ursprünglich als technische Monumente erhalten und in die Gestaltung mit einbezogen werden, wurden schließlich aber doch abgerissen. Über die Ella-Kay-Straße gelangt man zur Schwimmhalle an der S-Bahn-Trasse; einziger Blickfang sind hier die mit bunten Mosaiken besetzten Spielfiguren auf dem zweiten Kinderspielplatz nahe der Prenzlauer Allee. Hier liegt auch das *Zeiß-Großplanetarium*, das neben klassischen Veranstaltungen zur Astronomie und Raumfahrt auch multimediale Lasershows und „Musik unter dem Sternenhimmel" bietet.

FRANKEPARK

zwischen Tempelhofer Damm/hinter dem Rathaus Tempelhof, Templerzeile und der Albrechtstraße; 12103 Berlin (Tempelhof)
U Kaiserin-Augusta-Straße Bus 184, 284

In unmittelbarer Nähe befinden sich:
Kunstamt Tempelhof: im Rathaus, Tempelhofer Damm 165, 12099 Berlin 030 / 75 60 35 23; **Bezirksbibliothek:** Götzstraße 8/10/12, 12099 Berlin 030 / 756 07 52/54; **Stadtbad Tempelhof:** Götzestraße 14-18, 12099 Berlin
030 / 75 60 25 16

Der Frankepark ist einer der abwechslungsreichsten, kleineren Parks in Berlin. Er erschließt sich nicht auf den ersten Blick, denn mehrere, in sich abgeschlossene Areale auf verschiedenen Ebenen und ein reicher Baum- und Buschbestand eröffnen immer wieder neue, nicht selten überraschende Perspektiven.

Betritt der Besucher den Park nicht durch den Haupteingang hinter dem Rathaus am Tempelhofer Damm, sondern von der Albrechtstraße aus, so trifft er zunächst auf einen der beiden Spielplätze. Von hier aus führt der Weg hinab zu einer in einer Senke gelegenen Wiese, auf der gelb lackierte Liegestühle zum Verweilen einladen. Ihr Gestell ist aus Stahl und so massiv, daß niemand auf die Idee käme, sie mitzunehmen. Eine sinnvolle Alternative zu den hölzernen Liegestühlen etwa der Londoner Parks, deren Benutzung von ihren Wächtern in Rechnung gestellt werden.

Vorbei an der Wiese eröffnet sich ein noch tiefer gelegenes „Tal“ mit einem *Damwild-Gehege*. Trotz seiner erstaunlichen Größe bereitet es auch dem ungeübten Waidmann keine Schwierigkeiten, Rehe und den Hirsch zu erspähen. Nun läßt sich die Anlage entweder umrunden, oder der Besucher entscheidet sich für einen etwas längeren Spaziergang über gepflasterte Wege, Sandpfade, Wiesenflächen mit kleinen Hainen hin zu einem Feuchtbiotop im nordöstlichen, etwas verwilderten Teil der Grünanlage. Dort befindet sich der verträumteste, sehr versteckte und wohl nur von unmittelbaren Anwohnern genutzte Eingang des Parks: Eine hübsche, kleine Pforte mit steinernen Skulpturen führt auf einen von der Templerzeile abgehenden Stichweg.

Eine nahegelegene Aussichtsplattform bietet schließlich einen weiten Blick über das Wildgehege. Ein Schild, das wir dringend empfehlen zu beherzigen, weist dort in wunderbarer Forstamtslyrik auf die Ernährungsgewohnheiten der Tiere hin: „Wollt Ihr uns ein wenig schmeicheln, so gebt uns Rüben, Mais und Eicheln. Um eines wollen wir noch bitten, verschont mit Zucker uns und Schnitten, mit Speiseeis und frischem Brot. Wenn nicht, dann sind wir balde tot.“

GÖRLITZER PARK

→ zwischen Skalitzer Straße, Görlitzer Straße, Görlitzer Ufer, Wiener Straße und Spreewaldplatz; 10999 Berlin (Kreuzberg)
U Görlitzer Bahnhof Bus 129
Der Park bietet einen **Kinderbauernhof** und eine **Jugendverkehrsschule**. Angrenzend befindet sich das **Spreewaldbad** mit Sportschwimmbecken: Wiener Straße 59h, 10999 Berlin
☎ 030 / 25 88 58 15

Der seit 1987 in mehreren Bauabschnitten fertiggestellte Görlitzer Park, befindet sich auf dem Gelände des früheren Görlitzer Bahnhofs. Den Anstoß für den Park gab eine Bürgerinitiative, die sich seit 1978 für die Anlage einsetzte und ihren Plan schließlich durchsetzen konnte. Eines der größten Hindernisse war die Beseitigung der „Altlasten". Ein großer Teil des Mutterbodens, der in den 70er Jahren noch vornehmlich als wilde Müllkippe und zur Entsorgung von Altöl und Hundefäkalien benutzt worden war, mußte komplett ausgetauscht werden. Ferner waren zahlreiche Geleise sowie die Reste des Bahnhofs zu demontieren.

Der *Görlitzer Bahnhof* zählte einst zu den eindrucksvollsten Berliner Verkehrsbauten. 1866-68 wurde er nach Plänen von August Orth als Ausgangsbahnhof der Görlitzer Bahn in die Lausitz und nach Niederschlesien auf freiem Feld errichtet (die Wohnbebauung der Umgebung erfolgte erst ein Jahrzehnt später). Der imposante Fernbahnhof bestand aus einem Kopf- und zwei Flügelbauten sowie einer 147 m langen, 37 m breiten und 38 m hohen Bahnsteighalle mit fünf Geleisen und präsentierte sich dem Betrachter im Stil des Eklektizismus mit Reminiszenzen an die Florentiner Frührenaissance. Im II. Weltkrieg brannte er aus, das Bauwerk blieb aber im wesentlichen erhalten. Seine Zerstörung ist ein Nachkriegs„werk". 1952 legte ihn die Deutsche Reichsbahn still, und zwischen 1961 und 1976 erfolgte sein abschnittsweiser Abriß.

Daß der auf dem Bahnhofsgelände entstandene, 14 ha große Park noch neu ist, erkennt man sofort am spärlichen beziehungsweise noch kleinwüchsigen Baumbestand, der im Sommer manchmal eher an eine Steppenlandschaft erinnert. Dennoch ist die Anlage von den Bewohnern des alten SO 36 sofort angenommen worden. Vor allem im Sommer ist er der Treffpunkt für türkische Großfamilien, Fußballspieler und Spaziergänger.

Zudem verfügt er über ein reiches Sport- und Freizeitangebot. Das in die Parklandschaft integrierte

Spreewaldbad ist eine der am stärksten frequentierten Attraktionen. Wer Spaß daran findet, kann den Badegästen sogar „auf der Nase herumtanzen“, denn der Erlebnisbereich des Bades befindet sich zum Teil unter einem begehbaren Hügel. Hier befindet sich auch die den wunderschönen Wasserterrassen von Pamukkale in der Türkei nachempfundene Anlage. Auch wenn diese künstliche Miniaturausgabe nicht mit dem von der Natur geschaffenen Original konkurrieren kann, eine schöne Reminiszenz an die Türkei ist sie allemal.

Ein Rasensportplatz mit Mehrzweck- und Umkleideraum, die in einer alten Tenne untergebracht sind, ein Sportplatz mit Kunstrasen und Flutlichtanlage, ein *Rodelhang* sowie Klettergerüste erweitern das sportliche Angebot. Seit 1993 ist auch der ursprünglich im Engelbecken am Leuschnerdamm untergebrachte *Kinderbauernhof* hier angesiedelt: Ponys, Hühner und andere Tiere begeistern hier nicht nur Kinder. Auffälligstes Merkmal des Bauernhofs sind die Totempfähle, die ihm ein Indianerhäuptling zu seinem Schutz geschenkt hat.

GROSSER TIERGARTEN

10785 Berlin (Tiergarten)
Zoologischer Garten, Bellevue, Unter den Linden, Potsdamer Platz U Zoologischer Garten, Hansaplatz, Potsdamer Platz Bus 100, 109, 123, 142, 145, 146, 148, 149, 187 245, 248, 249, X 9

Der heute über 200 ha umfassende Große Tiergarten ist einer der weltweit größten Innenstadtparks. Ursprünglich war das noch weitaus umfassendere Areal ein Jagdgebiet. Erste gestalterische Maßnahmen veränderten 1687/98 das Gelände im Zusammenhang mit dem Bau des *Schlosses Lietzenburg* (heute > SCHLOSS CHARLOTTENBURG). Kurfürst Friedrich III. ließ die Straße „Unter den Linden" Richtung Westen verlängern und eine Allee anlegen. Auf etwa halber Strecke entstand der *Große Stern*, an dem eine Reihe von Alleen zusammenliefen. In der ersten Hälfte des 18. Jahrhunderts wurde die Gegend als Jagdgebiet vollends aufgegeben, und Friedrich II. ließ den waldähnlichen Tiergarten zum ersten öffentlichen Park Berlins umgestalten. Georg Wenzeslaus von Knobelsdorff schuf einen barocken *Lustgarten*, legte um 1740 den *Goldfischteich* sowie zahlreiche Plätze und Alleen an. Daneben entstanden Labyrinthe und symmetrisch gestutzte Heckenanlagen.

Betraf diese Gestaltung nur einen vergleichsweise kleinen Teil des Gartens, so erfolgte etwa 100 Jahre später die große Umformung zum Landschaftspark durch Peter Joseph Lenné. Er legte Rasenflächen, Lichtungen und Wasserläufe mit kleinen Brücken an und verband sie durch ein ausgedehntes Wegenetz. 1840 schuf er den Grundstein für den späteren *Rosengarten*, 1846/47 fügte er den *Neuen See* hinzu, der noch heute einer der Anziehungspunkte des Parks ist. Nach der Reichsgründung 1871 und Berlins Ausbau zur repräsentativen deutschen Hauptstadt kamen zahlreiche patriotisch geprägte Skulpturen und Statuen hinzu.

Unter Hitlers Baumeister Albrecht Speer begannen erste Vorbereitungen für Berlins Umbau zur gigantischen „Welthauptstadt Germania". 1938/39 ließ Speer die Charlottenburger Chaussee für die neue Ost-West-Achse abholzen und die Straße von 14,5 auf 50 m verbreitern. Der Große Stern wurde so umgestaltet wie er noch heute zu sehen ist, und die *Siegessäule* vom damaligen Königsplatz, heute Platz der Republik, wo die 300.000 Menschen fassende „Große Halle des Volkes" entstehen sollte, hierher versetzt und von 61 auf 69 m erhöht.

Nach dem II. Weltkrieg fielen die meisten Bäume im Tiergarten der Holzknappheit zum Opfer, und die Brachflächen wurden zum Anbau von Gemüse genutzt. Bereits 1949 begann jedoch die Wiederaufforstung und Neubepflanzung. 1951/52 erfolgte südlich von > SCHLOSS BELLEVUE die Anlage des *Englischen Gartens*, finanziert durch das United Kingdom. Königin Elisabeth II. pflanzte hier im Jahr 1965 eigenhändig eine Eiche.

Im Jahr 1984 wurde der Tiergarten einer weiteren Umgestaltung unterzogen und die charakteristischen historischen Elemente wie die Alleen des 18. Jahrhunderts und die *Luiseninsel* in der Ausgestaltung des späten 19. Jahrhunderts rekonstruiert.

Nähert man sich vom > ZOOLOGISCHEN GARTEN am Südrand des Tiergartens dem Park, führt eine Schleusenbrücke zum *Freilichtlaternenmuseum*, wo seit 1978 insgesamt 88 historische Gaslaternen aus aller Welt ihr warmes Licht verbreiten. Von hier aus kann man rechterhand über Wege und Lichtungen zum Neuen See schlendern, eine Ruderboottour unternehmen und danach im dortigen Café eine Erfrischung oder einen Imbiß gönnen. Weiter geht's über den Großen Weg vorbei an Teichen und duftenden Rhododendron-Hecken, die im Sommer verschwenderisch mit ihren riesigen Blüten locken. Dabei stößt der Spaziergänger immer wieder auf Standbilder und Statuen, von denen es etwa 70 Stück im ganzen Park gibt.

Im Norden, zur *Spree* hin, erreicht man schließlich die *Kongresshalle*, die heute das *Haus der Kulturen der Welt* beherbergt, dessen Besuch sich wegen der vor-

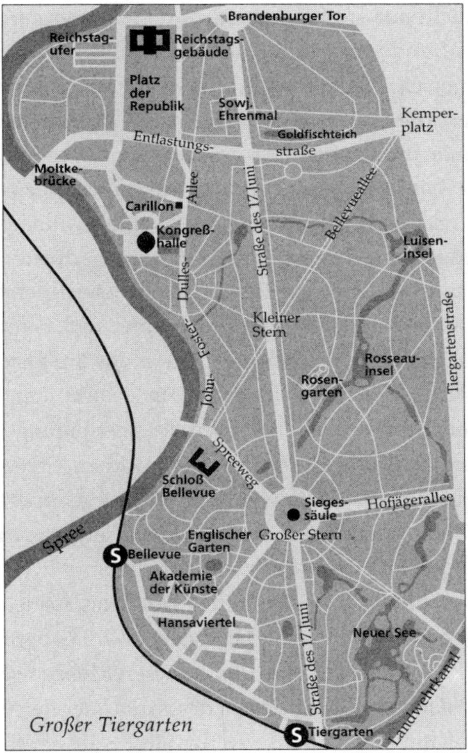

züglichen Ausstellungen und Veranstaltungen und nicht zuletzt wegen des Cafés im Fünfziger-Jahre-Stil immer lohnt. Ringsum tummeln sich vor allem in der warmen Jahreszeit die Freunde des Ballsports, Radfahrer und Musikanten aller Stilrichtungen. Eine besondere Berliner Freizeitbeschäftigung ist dann ebenfalls weithin zu sehen und vor allem zu riechen: das Grillen im Freien. Ganze Heerscharen von Großfamilien schlagen nicht nur am Wochenende im Tiergarten ihre Lager auf und verbreiten lautstarke Fröhlichkeit. Nicht wenigen Offiziellen ist dies angesichts der Regierungsbauten, die hier entstehen sollen, ein Dorn im Auge, und man droht mit entprechenden Verordnungen. Das *Bundeskanzleramt* Auge in Auge mit grillendem Volk – ein Streit, der die Republik noch über Jahre hinaus beschäftigen und zum Schmunzeln bringen dürfte. Daß die Stadt ohnehin im Tiergarten zu feiern versteht, konnte die staunende Welt im Sommer 1995 beobachten, als Christo und Jeanne-Claude das am Ostrand des Parks stehende *Reichstagsgebäude* verhüllten und Millionen zur größten Party seit der Vereinigungsfeier kamen. Vielleicht ist im Umgang mit dem Tiergarten überhaupt jene „Leidenschaft mit Augenmaß" zu empfehlen, von der der am Rande des Tiergartens residierende *Bundespräsident* gerne spricht.

Es gibt noch viele Plätze, die es lohnt aufzusuchen – etwa das *Kulturforum* mit Mies van der Rohes berühmter *Neuen Nationalgalerie* und anderen Museen sowie der *Philharmonie* im Südosten des Parks oder den weithin bekannten Flohmarkt an der Straße des 17. Juni / Ecke Bachstraße. Gerade wegen seiner Weitläufigkeit ist zu empfehlen, den Großen Tiergarten in Etappen kennenzulernen. Besonders anziehend ist der Kontrast zwischen ausgesprochen belebten Flächen und stillen, verträumten Plätzen. Den schönsten Blick, der dem Besucher die sonderbare Lage des Tiergartens am sinnlichsten nahebringt, ist der weite Blick von der *Siegessäule*. Das Gefühl vom Dschungel inmitten der Stadt ist unvermeidlich – der Aufstieg lohnt.

INSULANER

zwischen Preller Weg, Sembritzkistraße und Munsterdamm; 12157 (Schöneberg)

Priesterweg Bus 170, 174, 176, 187, X 76

Am Fuß des Bergs befinden sich das **Planetarium:** Munsterdamm 90, 12169 Berlin 030 / 79 00 93 20 und das **Sommerbad am Insulaner:** Munsterdamm 80, 12169 Berlin 030 / 79 04 24 32

Der 1946-51 angelegte Insulaner an der Bezirksgrenze von Schöneberg und Steglitz ist Berlins ältester und populärster *Trümmerberg*. Unter dem 75 m hohen grünen Hügel verbergen sich rund 1,8 Mio. m^3 Schutt, darauf packte man eine 1 m dicke Lehmschicht und bepflanzte sie mit Weiden, Pappeln und Hainbuchen.

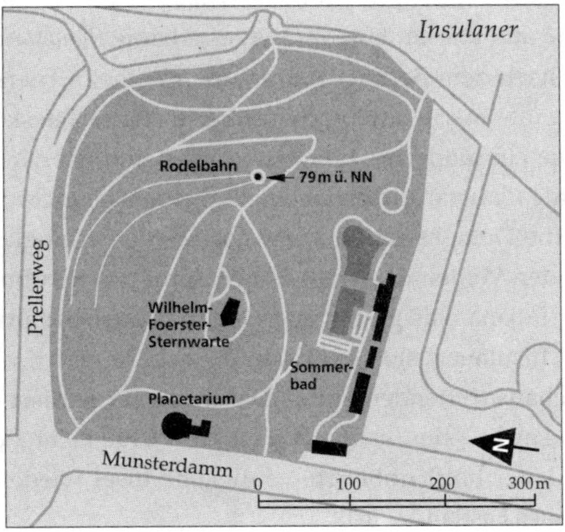

Das alles geschah unter großer Anteilnahme der Berliner, und auch der Name des Parks entsprang „Volkes Stimme". Er ist Ergebnis eines Schülerwettbewerbs und erinnert an Günter Neumanns populäres Funk-Kabarett „Die Insulaner", eine jahrzehntelange Institution des inzwischen im DeutschlandRadio aufgegangenen RIAS Berlin.

Architektonische oder gartenbaukünstlerische Besonderheiten hat der Insulaner nicht zu bieten und vom Gipfel läßt sich leider nicht – wie ursprünglich beabsichtigt – weit über die Stadt blicken, da die Bäume inzwischen die Sicht verstellen. Die Insulaneranhänger stört das jedoch wenig. Sie nutzen mit ungebrochener Begeisterung die Liege- und Spielwiesen, den Minigolfplatz, im Winter die schnelle *Rodelbahn* und im Sommer das schöne Freibad.

Die größte Attraktion des Insulaner sind jedoch die 1963 auf dem Gipfel eröffnete *Wilhelm-Foerster-Sternwarte* und das am Fuß des Berges erbaute *Planetarium.* Die nach dem Berliner Astronomen Wilhelm Foerster benannte Sternwarte verfügt über mehrere Teleskope sowie ein modernes Sonnenfernrohr, und das vielbesuchte Planetarium bietet eine Projektionseinrichtung, die die Demonstration von 8.900 Sternen ermöglicht. Vor den Weiten des Weltalls bekommt das berühmte, von Tatjana Sais gesungene Lied, das die Sendungen der „Insulaner" stets einleitete, einen ganz neuen, aber durchaus treffenden Sinn: „Der Insulaner verliert die Ruhe nicht / der Insulaner liebt keen Jetue nicht / der Insulaner hofft unbeirrt / daß seine Insel wieder 'n schönes Festland wird."

LIETZENSEEPARK

→ zwischen Kantstraße, Steifensandstraße, Lietzenseeufer, Kuno-Fischer-Straße, Dernburgstraße, Herbartstraße und Wundstraße; 14057 Berlin (Charlottenburg)
S Witzleben, Westkreuz U Kaiserdamm Bus 149, 204

Hochherrschaftliche Mietshäuser im Osten und gepflegte Grünanlagen im Norden und Westen machen den Anfang des 20. Jahrhunderts nach Plänen von Erwin Barth gestalteten Park um den eiszeitlichen *Lietzensee* zum beliebten Erholungsgebiet der Citybewohner. Ein Rundgang durch den 10 ha großen Park beginnt am besten am Dernburgplatz im Süden der Anlage. Dort empfängt den Besucher der 1912/13 gestaltete, repräsentative Eingangsbereich mit einem überdachten Spielplatz und der schönen *Wasserkaskade*: Über mehrere Fontänen und stufenförmige Becken rauscht das Wasser direkt in den See. Mit seinen neobarocken Gestaltungselementen erinnert dieser Bereich (Treppen, Bosketten und *Rosenrabatten*) an den etwa zur gleichen Zeit gestalteten > KÖRNERPARK in Neukölln.

Über den schmalen, etwas düsteren Uferweg unter der Brücke geht es in den nördlichen, 1919/20 angelegten Teil des Lietzenseeparks. Hier wird der Architekturpark zum Landschaftspark – im Sommer intensiv genutzt für Spiel, Sport und Picknick. Auch hier gibt es Wasserspiele, doch die bescheidene *Kleine Kaskade* auf der Höhe der Sophie-Charlotten-Straße steht deutlich im Schatten ihrer imposanteren Schwester im Süden. Bemerkenswert sind einige Skulpturen, etwa die *Zwei Seelöwen* (Rosemarie Henning, 1955), der *Speerwerfer* (Bernhard Bleeker, vermutlich 1940) und das *Kriegerdenkmal* (Eugen Schmohl, 1925). Letzteres zählt zu den typischen Anlagen aus der Zeit nach dem I. Weltkrieg. Eine 4 m hohe Steintafel erinnert an die Gefallenen des „Königin-Elisabeth-Garde-Grenadier-Regiments Nr. 3" in den Kriegen 1864, 1866, 1870/71 und 1914-18. Auf einer einer halbrunden Kalksteinwand sind die Toten nach militärischem Rang aufgelistet und die Kriegsorte hinzugefügt.

Beschaulich geht es auf den Parkwiesen zu. Von hier aus läßt sich das Treiben im Park bestens beobachten. Wen es nach einer Rast wieder zu körperlicher Bewegung drängt, der sollte sich am Witzlebenplatz ein Boot ausleihen und den Park vom Wasser aus erkunden.

SCHILLERPARK

zwischen Edinburger Straße, Dubliner Straße, Bristolstraße, Schwyzer Straße, Brienzer Straße und Ungarnstraße;
13349 Berlin (Wedding)
U Rehberge, Seestraße Bus 120, 126, 128, 248, X 26

Kein Zweifel: Schiller hätte der Schillerpark gefallen. Der erste Park, der die Ideale der Volksparkbewegung in die Praxis umsetzte, und der zugleich eines der eindrucksvollsten Gartendenkmäler Berlins ist – das wäre durchaus im Sinne des Dichters gewesen. Auch an seinem Denkmal, vor allem an dessen Geschichte und der nach ihm benannten Eiche, hätte Schiller seine Freude gehabt. Doch dazu später.

Gehen wir zunächst durch den 29 ha großen Park, der zur Freizeitbetätigung ebenso animiert wie zum nachdenklichen Flanieren. Eines der Kernstücke der Anlage ist die für Spiel, Sport, Sonnenbaden und Picknicken gleichermaßen geeignete, fast quadratische „Schülerwiese" an der Ungarnstraße. Wer es beschaulich erholsam liebt, sollte hingegen die dreistufige Terrasse aus Rüdersdorfer Kalkstein an der Nordecke der riesigen Grünfläche aufsuchen. Deren erste Ebene bildet ein Blumengarten, die zweite schmückt besagtes *Schiller-Denkmal* von Reinhold Begas, auf der dritten Ebene lädt ein Kastanienhain zum Lustwandeln ein. Von hier aus gibt es mehrere Möglichkeiten, die Parkbesichtigung fortzusetzen, etwa nach Westen, wo allerdings bald die Barfusstraße kreuzt, die den gesamten Park gnadenlos durchschneidet. Eine Fehlplanung, die auch die Erdaufschüttungen kaum kaschieren können, die den Blick auf die Straße verbauen und gleichzeitig den Verkehrslärm dämpfen. Wir aber bleiben im Hain unter den Kastanien und betrachten das Denkmal mit seiner seltsamen Geschichte.

Zu seinem 100. Geburtstag am 10. November 1859 sollte Friedrich Schiller als erstem Dichter in Berlin ein Denkmal errichtet werden – Mitte des 19. Jahrhunderts kein geringer Vorgang. Nachdem am Vorabend des Dichter-Geburtstages auf dem Gendarmenmarkt der Grundstein für das Schiller-Denkmal gelegt worden war, verging ein Dutzend Jahre, in dem die Stadtväter ihrer bis heute gepflegten Lieblingsbeschäftigung frönten: Sie stritten um die Zukunft der Vergangenheit: „Schiller? Der Verfasser des aufrührerischen Machwerks 'Die Räuber'? Unmöglich! Werther – das ist die deutsche Seele!! Ein Goethe-Denkmal muß her!!!" – „Aber die Aufklärung, meine Herren, Lessing!" Und selbstverständlich wurde auch der weltberühmte echt Berliner Kompromiß erwogen: das Goethe-Schiller-Lessing-Denkmal. Schließlich blieb es bei Schiller.

„Mehrheit ist Dummheit. Wahrheit ist stets bei Wenigen nur." (Don Carlos, 3. Akt, 3. Aufzug)

Der Bildhauer Edgar Begas gewann den Wettbewerb um das Denkmal und entwarf die überlebensgroße Marmor-Statue des lorbeerbekränzten Dichters. Eine Schriftrolle in der Linken, steht er auf einem aus einer Brunnenschale aufsteigenden Sockel. In der Diagonale ist er von vier weiblichen Gestalten umgeben, die auf dem Rand der Brunnenschale sitzen und Allegorien der Lyrik (Harfe), der Dramatik (Dolch), der Philosophie (Pergamentrolle) und der Geschichte (Schreibtafel) darstellen. Am Sockel befinden sich an zwei Seiten wasserspeiende Löwenmasken und zwei Flachreliefs, die Schiller bei der „Poetenweihe" und beim Betreten des Dichter-Olymps zeigen. Die endlich für den 110. Geburtstag des Dichters geplante Aufstellung wurde jedoch u.a. wegen des deutsch-französischen Krieges 1870/71 verschoben. Schließlich erfolgte am 10. November 1871 die feierliche Enthüllung auf dem Gendarmenmarkt.

Bei dessen Umgestaltung 1935 störte allerdings das Denkmal, das als eines der bedeutendsten Dichter-Denkmäler im deutschsprachigen Raum gilt. Man trug es ab, ließ zugleich aus ideologischen Gründen den *Rathenau-Brunnen* aus dem > Volkspark Rehberge entfernen, schmolz diesen ein und goß daraus eine Bronzekopie von Schiller. Diese Kopie stellte man dann am 9. Mai 1940, dem 135. Todestag Schillers, im Schillerpark auf. Das Original der Statue blieb auch nach dem II. Weltkrieg im Westteil der Stadt, während der Sockel nebst Brunnenschale und den vier allegorischen Figuren auf einen Lagerplatz in Treptow gelangten, wo sie erst 1951 wiedergefunden wurden. Bei der anschließenden Lagerung gingen Teile verloren oder wurden zerstört. 1952 erfolgte die Aufstellung der Originalplastik im > Lietzenseepark, wo sie jedoch 1985 wieder entfernt wurde. Denn posthum geriet Schiller zum Objekt des Ost-West-Konflikts und reiste ein Jahr später im Rahmen eines hochpolitischen, von den vier Alliierten abgesegneten „Kulturgüteraustauschs" in den Ostteil der Stadt, wo er schließlich im Dezember 1988 vor dem Schauspielhaus seinen angestammten Platz erhielt. Deutschland und seine Dichter – eine Beziehung der besonderen Art.

Verlassen wir diesen Ort und gehen zum Sitzrondell an der Barfusstraße. Von hier aus führen verschiedene Wege zur landschaftlich gestalteten „Bürgerwiese" mit dem großen Planschbecken an der Ecke Dubliner Straße/Bristolstraße. Wer sich rechts hält, kommt bald zur Schillereiche. Auch die hat ihre Geschichte: Der erste im Schillerpark gepflanzte Baum wurde eigens aus Schillers Geburtsort Marbach herangeschafft – ohne Streit, soweit bekannt ist.

SCHUSTEHRUSPARK

→ zwischen Kaiser-Friedrich-Straße, Hebbelstraße, Otto-Grünberg-Weg, Schloßstraße und Schustehrusstraße; 10585 Berlin (Charlottenburg)
U Richard-Wagner-Platz, Sophie-Charlotte-Platz Bus 109, 110, 145

Der kleine, 1914 von Gartendirektor Erwin Barth gestaltete und nach dem früheren Charlottenburger Bürgermeister Kurt Schustehrus benannte Park befindet sich südlich des > Schlosses Charlottenburg, in der Altstadt des Bezirks.

Der Besucher betritt den hübschen kleinen Barockpark, an dem besonders die symmetrische Anordnung und der alte Baumbestand besticht, durch zwei schmale Tore. Während die linke Pforte zwei gußeiserne Laternen krönen, sind diese dem rechten Eingang abhandengekommen. Doch auch am rechten Eingang findet sich eine Besonderheit: Nach wenigen Schritten folgt ein Plätzchen, in dessen Mitte eine ungefähr 1 m hohe Amphore thront, die diesem Ort einen ganz eigenen Reiz verleiht. Bei genauem Hinsehen sind auf dem Sockel Ziffern zu erkennen, die von anderen Verzierungen – Käfern und ähnlichem Kleingetier – fast verdeckt werden: 1, 3, 6, 9. Was sie bedeuten, ist uns nicht gelungen zu ermitteln.

Zwei parallele Wege führen zum hinteren Parkteil. Rechts geht es direkt zu einem Platz, in dessen vier Ecken jeweils eine Terrakotta-Vase steht. Über den anderen Pfad ist ebenfalls ein Platz zu erreichen, der mit einer Terrakotta-Schale auf einem Sockel die Aufmerksamkeit des Betrachters auf sich lenkt. Von beiden Plätzen aus ist der große *Spielplatz*, einer der schönsten und aufwendigsten in Berlin, längst zu sehen (und zu hören). Kleine Hügel und Seen mit Brücken deuten eine Flußlandschaft an, eine Seilbahn, Klettergerüste aus rotem Seil und eine Rutsche, auf der die Kinder direkt in dieses Traumland gleiten können, tragen dazu bei, daß hier bei jedem Wetter getobt wird.

Rechts vor dem Spielplatz ist ein kleines Tor, das den Flaneur zur *Villa Oppenheim* führt. Sie steht heute unter Denkmalschutz und ist nach dem früheren Eigentümer, dem Kommerzienrat Hugo Oppenheim, benannt. 1881/82 wurde sie von dem Architekten Christian Heidecke auf dem Grundstück der alten Villa des königlichen Grafen von Kameke erbaut. Auffällig ist ihre Ziegel- und Sandsteinfassade im Stil der Renaissance. Um 1911 wurden die Nebengebäude der Villa abgerissen, die Schlesien-Oberschule errichtet und der damalige Privatgarten zum Schustehruspark umgestaltet. 1986 erfolgte die originalgetreue Restaurierung der Villa. „An dieser Arbeit erlernten 50 Schüler einer Gewerbeschule die alten Handwerkertechniken", ist auf einer Tafel zu erfahren. Heute befinden sich das Kunstamt Charlottenburg, eine Kita und Teile der Schulverwaltung in der Villa Oppenheim.

TREPTOWER PARK

Zwischen der Straße Am Treptower Park, Elsenstraße und der Bulgarischen Straße; 12435 Berlin (Treptow)
Treptower Park, Plänterwald Bus 104, 166, 167, 177, 265

Archenhold-Sternwarte und **Himmelkundliches Museum:**
Alt-Treptow 1, 12435 Berlin 030 / 534 80 80

Der 1867-88 als dritter Volkspark Berlins im englischen Landschaftsstil angelegte, 84 ha große Treptower Park bildet in Verbindung mit dem sich im Südosten anschließenden > SPREEPARK und dem *Plänterwald* eines der größten Ausflugsgebiete der Stadt. Bei schönem Wetter immer gut besucht, entsteht dank der Weitläufigkeit der Anlagen allerdings nur selten der Eindruck von Überfüllung.

Den Forderungen des expandierenden Ballungsraums Rechnung tragend, verzichtete der Planer, Berlins erster Stadtgartendirektor Gustav Meyer, auf Schmuckanlagen und gestaltete einen reinen Erholungs- und Freizeitpark. Der alte Baumbestand wurde einbezogen, ein knapp 4 ha großer *Karpfenteich* und ein hippodromartiger Platz für Spiel und Sport im Zentrum der Anlage neu angelegt. An Meyer erinnert eine Marmorbüste (Albert August Manthe, 1890), die nahe der Puschkinallee zu finden ist.

1896 fand im Treptower Park die berühmte Berliner Gewerbeausstellung statt, was den Parkanlagen allerdings weniger gut bekam. Die Berliner strömten in Massen herbei, bestaunten afrikanische Hütten, die Nachbildung einer *Pyramide* und auf dem *Neuen See* die Vorführungen der kaiserlichen Flotte, die in Miniaturschlachten demonstrierte, wozu sie sich militärisch für fähig wähnte. Das gleichfalls aufgestellte Fernrohr des Astronomen Friedrich Simon Archenhold bildete später die Basis der 1908/09 erbauten *Sternwarte.*

Nach Verwüstungen im II. Weltkrieg folgte Ende der 40er Jahre die Neugestaltung des Parks. Das *Sowjetische Ehrenmal* im südwestlichen Teil der Anlage entstand in nur wenigen Monaten und wurde am 11. November 1945 feierlich eingeweiht. Von der Puschkinallee kommend, trifft der Besucher zuerst auf das Portal in Form stilisierter Fahnen und zweier trauernder Bronzesoldaten. Von hier aus eröffnet sich der Blick auf das tiefergelegene Gräberfeld, auf dem etwa 5.000 Sowjetsoldaten beigesetzt sind. Die das Gräberfeld begrenzenden Reliefsteinblocks schildern Szenen des Krieges 1941-45. Das andere Ende der Achse über-

ragt ein 21 m hohes Standbild eines Soldaten, der ein Kind auf seinem Arm trägt. An sowjetischen Gedenktagen wurden hier Paraden abgehalten, und im September 1994 verabschiedeten hier der russische Präsident Boris Jelzin und Bundeskanzler Helmut Kohl die letzten russischen Soldaten.

Erstaunlicherweise vertragen sich der ernste Charakter der Gedenkanlage mit der heiteren Stimmung im übrigen Park recht gut. Die großen Wiesenflächen ermöglichen einen erholsamen Aufenthalt, und an den Wochenenden sind Scharen von Besuchern mit Picknickkörben und Sportgeräten unterwegs. Vor allem an den Uferwegen der Spree flanieren zahlreiche Besucher, deren Weg nicht selten zielstrebig zum „Zenner" führt. Diese nahe der *Insel der Jugend* gelegene Großgaststätte hat eine lange Geschichte. Seit 1602 war hier eine „Spreebudike" angesiedelt, bevor gut 200 Jahre später das heutige Haus für Rudolf Zenner erbaut wurde, das im letzten Jahrzehnt des 19. Jahrhunderts zu einem der Treffpunkte des feinen Berlin avancierte.

Unbedingt zu empfehlen ist auch ein Besuch der nicht weit entfernten *Archenhold-Sternwarte*, der größten und ältesten Volkssternwarte in Deutschland. 1896 eröffnet, trägt sie seit 1946 den Namen ihres langjährigen Leiters. Das dort angesiedelte *Himmelskundliche Museum* bietet heute unter anderem populärwissenschaftliche Vorträge berühmter Wissenschaftler, und schon Albert Einstein sprach hier am 2. Juni 1915 über seine Relativitätstheorie.

VIKTORIAPARK

zwischen Katzbachstraße, Kreuzbergstraße und Methfesselstraße; 10963 Berlin (Kreuzberg)
S Yorkstraße U Mehringdamm, Platz der Luftbrücke, Yorkstraße Bus 104, 119, 140, 219, 341

Im angrenzenden **Katzbachstadion** spielt der älteste türkische Fußballclub Deutschlands: Türkiemspor Berlin e.V.

Der 66 ha große Viktoriapark ist einer der traditionsreichsten, abwechslungsreichsten Berliner Parks und beherbergt außerdem den Namensgeber des Bezirks, den *Kreuzberg*. 1888-94 nach Plänen von Stadtgartendirektor Hermann Mächtig angelegt, wurde der Park

1980 als erste öffentliche Grünanlage Berlins unter Denkmalschutz gestellt. Das Zentrum der Anlage bildet das auf dem 66 m hohen Kreuzberg gelegene, von Karl Friedrich Schinkel geschaffene *Nationaldenkmal für die Freiheitskriege*. Es erinnert an den Sieg der preußischen Armee über Napoleon 1813-15 und wurde aus dem berühmten „Fer de Berlin“ (Berliner Eisen) in der Königlichen Eisengießerei hergestellt. Zu sehen ist ein zwölfeckiges Hochkreuz mit 12 Genien-Gestalten (von Christian Rauch, Friedrich Tieck und Ludwig Wichmann, 1818-21) in den kapitellartigen Nischen. Ihre Köpfe sollen damaligen Heerführern und Angehörigen des Königshauses ähneln.

Das Denkmal stand schon vor der Anlage des Parks an dieser Stelle. Als sich die städtische Bebauung bis nah an den Berg drängte, und die Häuser die Sicht darauf zu verdecken drohten, hob man das Denkmal 1878 um 8 m an, drehte es um 21° und stellte es auf einen Unterbau. Das auf der Denkmalspitze plazierte eiserne Kreuz gab dem Hügel seinen Namen.

Spaziergänger können den Kreuzberg über einen vielfach gewundenen Pfad mit üppigem Pflanzenbewuchs erklimmen. Eine kleine Plattform am Fuße des Denkmals bietet einen weiten Rundblick auf die Stadt. Vom Kreuzberg herab ergießt sich ein beeindruckender künstlicher Wasserfall, den Hermann Mächtig 1888-94 in Anlehnung an den *Zackelfall* im Riesengebirge anlegte. Er mündet in einen Teich nahe der Kreuzbergstraße, in dessen Mitte sich ein Fischer und

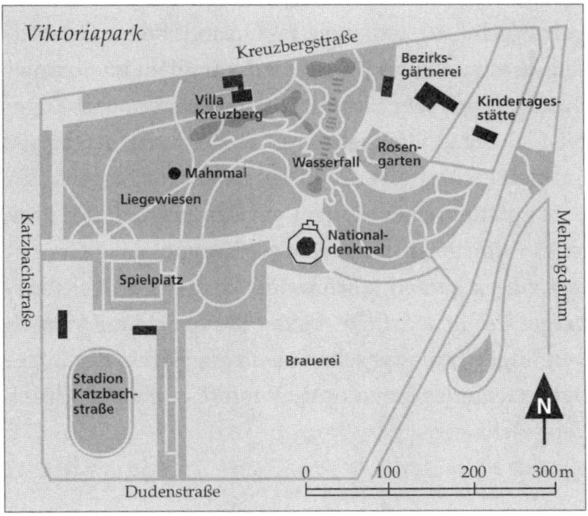

eine Nixe in ihrem Bronzebrunnen tummeln. Weitere Sehenswürdigkeiten sind ein kleiner, 1983 geschaffener *Rosengarten* im östlichen Teil sowie ein *Tiergehege* zur Kreuzbergstraße hin, wo Ziegen, Pfauen, Bisamratten und andere Tiere zu bestaunen sind. Am Rand einer Wiese im westlichen Teil des Viktoriaparks steht ein *Kreuz zum Gedenken an den 17. Juni 1953*.

Ein Kuriosum ist in der Methfesselstraße ebenfalls anzutreffen: Die Bezirksgärtnerei pflegt hier wieder den Weinbau, an dem man sich bereits bis Mitte des 18. Jahrhunderts versucht hatte. Leider ist der rare Tropfen nicht käuflich zu erwerben, und so gibt es nur Gerüchte über seine Qualität. Lediglich Ehrengäste bekommen den in Wiesbaden gekelterten Wein dann und wann bei Empfängen kredenzt.

Dennoch braucht niemand auf seine „Molle“ zu verzichten. Das „Golgatha“ mit seinem großen Biergarten, eine Kreuzberger Institution, bietet Gerstensaft, Bratwurst und Musik, und vor allem im Sommer drängeln sich hier Hunderte von Berlinern und Zugereisten. Die „Villa Kreuzberg“ in der Kreuzbergstraße 62 bietet kulturelle Genüsse, vom Konzert bis zur Schallplattenbörse. Zudem verwandelt sich der Park jedes Frühjahr in einen großen Rummelplatz. Die seit fast einem halben Jahrhundert bestehenden „Kreuzberger Festlichen Tage“ bieten die üblichen Rummelvergnügungen, was schon allein angesichts des hügeligen Geländes einen optisch interessanten Eindruck verspricht.

VOLKSPARK AM WEINBERG

→ zwischen Veteranenstraße, Fehrbelliner Straße, Weinbergsweg und Brunnenstraße; 10119 Berlin (Mitte)
U Rosenthaler Platz Tram 6, 8, 13, 50, 53 Bus 340

Der nur 3,5 ha große Volkspark am Weinberg im Bezirk Mitte bietet neben Liegewiesen einen Stauden- und *Rosengarten*, einen Kinderspielplatz und einen künstlichen Teich. Zum Weinbergsweg hin gibt es ein Café mit großer Gartenterrasse. Wie viele Nachkriegsparks ist auch dieser Volkspark aus Trümmerschutt entstanden. Gartenbauarchitekt Helmut Kruse ließ 1954-56 ein zerstörtes Mietskasernenviertel auf etwa 40 m aufschütten und begrünen. Einen kleinen Weinberg gab es hier früher einmal: Der dort betriebene Weinbau fiel allerdings 1740/41 dem harten Berliner Winter zum Opfer, in dem alle Rebstöcke erfroren.

An der Veteranenstraße, Ecke Brunnenstraße, an der Westflanke des Parks steht ein bemerkenswertes Denkmal: eine überlebensgroße *Bronzestatue des Dichters Heinrich Heine*. Sie ist eine Arbeit des Bildhauers Waldemar Grzimek aus dem Jahr 1955. Ursprünglich war der Platz vor dem Maxim-Gorki-Theater vorgesehen. Nachdem die sozialistische Kunstkritik wenig Gefallen an Grizmeks Heine-Interpretation fand – der Dichter sitzt deklamierend auf einem Hocker –, stellte man das Denkmal hier am Weinberg auf. Und in der Tat ist die Sockelinschrift – Heine durchaus angemessen – wenig staatstragend: „Wir ergreifen keine Idee, sondern die Idee ergreift uns und knechtet uns in die Arena hinein, daß wir wie gezwungene Gladiatoren für sie kämpfen."

VOLKSPARK ANTON SAEFKOW

zwischen Kniprodestraße und Anton-Saefkow-Straße;
10407 Berlin (Prenzlauer Berg)
S Greifswalder Straße Tram 2, 3, 4 Bus 100, 156, 157

Der 1955 direkt an der S-Bahntrasse angelegte, 8,5 ha große Volkspark ist unscheinbar, aber dennoch nicht ohne Charme. Brunnen, Blumenrabatten oder einen Teich wird der Besucher hier vergeblich suchen; schmuddelige Schlichtheit prägt die schmale Grünfläche. Vom Eingang an der Kniprodestraße zweigt nach wenigen Metern links ein Pfad zum Spielplatz ab. Wer jedoch dem alleenartigen, holprigen Hauptweg folgt, gelangt zu Stufen, die auf eine kleine Erhebung führen. Darunter verbirgt sich Trümmerschutt aus dem II. Weltkrieg. Die Parkbank auf dem Hügel bietet einen schönen Blick auf eine von Bäumen gesäumte Wiese und die vorbeiratternden S-Bahnen. Wieder auf dem Hauptweg trifft man links auf eine weitere Wiese, auch hier laden Bänke zum Verweilen ein. Durch ein Rondell geht es nun hinunter zur Ecke Anton-Saefkow-Straße/Bötzowstraße. Auf der Höhe der Schönhaar-Straße erinnert die *Porträtbüste Anton Saefkow* aus Naturstein (Hans Kies, 1958) an den Widerstandskämpfer und Namenspatron des Parks, der 1944 im Zuchthaus Brandenburg ermordet wurde.

VOLKSPARK FRIEDRICHSHAIN

zwischen Landsberger Allee, Friedenstraße und der Straße Am Friedrichshain; 10249 Berlin (Friedrichshain)
U Strausberger Platz Tram 5, 6, 8, 15, 20 Bus 100, 142, 157, 257, 340

An der Dimitroffstraße befindet sich der Eingang zum Hallenbad des **Sport- und Erholungszentrums (SEZ)**: Landsberger Allee 77, 10407 Berlin 030 / 42 28 33 20

Der 1846-48 nach Plänen des Lenné-Schülers Gustav Meyer angelegte, etwa 52 ha umfassende Volkspark ist Berlins erster städtischer Park und zweifellos die „politischste“ Gartenanlage der Stadt. Schon seine Einrichtung, kurz vor der Märzrevolution 1848, fiel in unruhige Zeiten. Während es aus Anlaß der hundertjährigen Thronbesteigung Friedrichs des Großen zur Grundsteinlegung des bekannten Reiterstandbilds an der Straße Unter den Linden kam, beschloß man zugleich die Anlage eines großen, nach Friedrich benannten Parks, der eine Art Gegenstück zum > GROSSEN TIERGARTEN darstellte. Daß mit der neuen „Erholungsstätte für alle Stände" zugleich die aufgewühlte Stimmung im Volk beschwichtigt und das Elend in den Mietskasernen gelindert werden sollte, darf als Motiv durchaus unterstellt werden. Die Berliner nahmen den Park jedenfalls an, und obgleich er kein Volkspark im klassischen Sinn ist (die Volksparkbewegung kam erst später auf), machte er seiner Bestimmung doch alle Ehre: „Das Volk" nutzt die Anlage bis heute und drückte ihr seinen Stempel auf.

Allerdings hat sich der Park in seiner fast hundertfünfzigjährigen Geschichte beträchtlich verändert. Ähnlich wie im Tiergarten und im > VOLKSPARK HUMBOLDTHAIN setzten die Nationalsozialisten zwei mächtige Flakbunker in den Park, die gegen Kriegsende heftig umkämpft waren. Nach den schweren Kriegszerstörungen kultivierte die SED im Friedrichshain den Volksparkgedanken in ihrer Auslegung, ließ Sportstätten bauen, neue Gedenkstätten hinzufügen und ehrte alljährlich die Revolutionsopfer. Zudem nutzte sie die Anlage fortan für Massenveranstaltungen wie zum Beispiel das Pressefest des „Neuen Deutschland".

Am Eingang Landsberger Allee gibt ein Gartenplan Gelegenheit zur Orientierung auf dem ausgedehnten Gelände. Von hier aus gelangt der Besucher über asphaltierte Wege und Treppenstufen zu einem etwas erhöht liegenden Platz, dem *Friedhof der Märzgefallenen*. Noch vor der feierlichen Eröffnung des Parks am 17.

August 1848 hatte ein Bürgerkomitee die Stadt gezwungen, auf der damals höchsten Erhebung des Parks, dem *Kanonenberg*, einen Friedhof für die Opfer der blutigen Märzrevolution anzulegen. Nach einer öffentlichen Trauerfeier auf dem Gendarmenmarkt und dem Vorbeimarsch am > STADTSCHLOSS, bei dem König Friedrich Wilhelm IV. den Toten seine Ehre erweisen mußte – ein in der Tat revolutionäres Politikum – wurden hier am 22. März 1848 unter großer Anteilnahme der Berliner Bevölkerung 183 vom Militär erschossene Revolutionäre beigesetzt. Die einheitlich schlichten Grabsteine bezahlte die Staatskasse, betuchtere Familien konnten ihren Angehörigen eiserne Grabkreuze kaufen. Nur einige wenige originale Steine und Kreuze sind heute noch vor den Sträuchern am Rand der Anlage zu besichtigen. Seit 1948 erinnert zusätzlich ein Granitquader auf einer Rasenfläche an die Opfer der Revolution, und am Friedhofsausgang sind Opfer der revolutionären Kämpfe vom November 1918 bestattet.

Die Originalplatten mit den Namen der Toten, die am Ende jeder Grabreihe lagen, sind zerstört und wurden 1957 durch Grabplatten mit Gedenkworten von Karl Liebknecht, Walter Ulbricht und den Namen der Gefallenen ersetzt; die Bronzefigur *Roter Matrose* (Hans Kies, 1960) erinnert an den Matrosenaufstand als Auftakt der Novemberkämpfe.

Die *Freilichtbühne* unterhalb des Friedhofs ist 1950 entstanden und wird in der Sommersaison als Freiluftkino genutzt; das Programm ist den Stadtteilzeitungen oder den Kinoplakaten zu entnehmen. Dem Friedhof gegenüber liegt Berlins erstes Städtisches Krankenhaus, das Krankenhaus Friedrichshain. Martin Gropius und Heino Schmieden schufen unter wissenschaftlicher Beratung von Rudolf Virchow 1868-74 die damals sehr moderne Pavillonanlage, von der heute nur noch das Eingangstor und die unmittelbar anschließenden Gebäude erhalten sind. Da der Krankenhausbau einen Teil des Parks raubte, kam zum Ausgleich 1874/75 das Gelände zwischen Virchow- und Dimitroffstraße hinzu.

Hauptanziehungspunkt des gleichfalls von Gustav Meyer gestalteten *Neuen Hains* war der 250 m lange hippodromförmige Spielplatz mit einer großen Rasenfläche für Spiel und Sport, wie es sie auch im kurz zuvor fertiggestellten Volkspark Humboldthain gab. Anläßlich der III. Festival der Weltjugend 1951 ließ die SED auf dem Gelände das Karl-Friedrich-Friesen-Schwimmstadion errichten, das inzwischen geschlossen ist und einen traurigen Anblick bietet; südlich davon entstand 1978-81 das *Sport- und Erholungszentrum*

(SEZ), eine riesige Freizeitanlage, in der nahezu alle Sportarten ausgeübt werden können.

Wer sich vom Krankenhaus Richtung Norden orientiert, trifft auf den *Kleinen Bunkerberg*, einen 48 m hohen Trümmerberg mit der eingezäunten *Rodelbahn*.

An der Ecke Virchowstraße/Am Friedrichshain führt eine breite Treppenanlage zum *Ehrenmal für den gemeinsamen Kampf polnischer Soldaten und deutscher Antifaschisten*. Die Gemeinschaftsarbeit deutscher und polnischer Künstler aus dem Jahr 1972, eine 15 m hohe Gedenkstele mit stilisierten Fahnen vor einer Mauer mit deutschen und polnischen Inschriften, erschien der SED zwar etwas zu abstrakt, wurde aber trotzdem aufgestellt.

Vorbei an einem Brunnen geht es zum eigentlichen Zentrum des Parks: Der große, asphaltierte Platz in der Nähe des Großen Teichs ist eine auch Nachkriegserrungenschaft. Restaurant, Cafés und Imbißbuden laden zur Rast ein, auch Sportgeräte lassen sich auslei-

hen. In einem kleinen Pavillon in der Nähe des Schwanenteichs ist die *Friedensglocke* gegen den Atomkrieg zu besichtigen, die die World Peace Bell Association 1989 an den Magistrat von Ost-Berlin übergeben hatte.

Wer seinen Kreislauf in Schwung bringen will, kann nun den 78 m hohen *Großen Bunkerberg* erklimmen. Außer ein paar Bunkerüberresten gibt es dort oben jedoch wenig zu sehen, die hochgewachsenen Bäume versperren bis auf wenige Durchblicke die Sicht.

Man kann sich diese Mühe allerdings auch ersparen und am Fuß des Großen Bunkerbergs entlang zur Hauptattraktion des Parks spazieren: Der 1909-13 von Ludwig Hoffmann konzipierte *Märchenbrunnen* zieht seit jeher alle Parkbesucher wie ein Magnet an. Die neobarocke Anlage schmücken Figuren aus den Grimmschen Märchen. Neben Fontänen speisen wasserspeiende Frösche das vierfachgestufte Wasserbecken. Im Osten ist der Brunnen von einer halbrunden Kolonnade umgeben, auf der Tierplastiken von Joseph Rauch thronen. Die Märchenstatuen selbst sind auch für kleine Kinder gut (an)faßbar an den Beckenrändern aufgestellt. Da die Liebkosungen unzähliger Hände an den Kalksandsteinfiguren allerdings nicht spurlos vorübergegangen sind, ersetzte man die Statuen während der Rekonstruktion der Anlage in den 70er Jahren durch solideres Material.

Vom Paradebeispiel der Kunstpflege in wilhelminischer Zeit – der Brunnen entstand auf Initiative der sozialdemokratischen Fraktion der Stadtverordnetenversammlung – geht es zu einem realsozialistischen Kunstobjekt. An der Friedenstraße/Ecke Büsching-

straße erinnert seit 1968 die *Gedenkstätte der deutschen Interbrigadisten* an die Internationalen Brigaden, die 1936-39 im spanischen Bürgerkrieg auf Seiten der Republik gegen den spanischen Diktator Franco kämpften. Die bronzene Reliefplatte mit Szenen aus dem Bürgerkrieg (Siegfried Krepp) war bei SED-Kunstverantwortlichen umstritten; auch sie galt als zu abstrakt.

Vom Spanienkämpferdenkmal sind es nur wenige Schritte zum Platz der Nationen, wo zwischen 1970 und 1991 ein weiterer Revolutionär stand. Dann aber fiel das monumentale *Lenindenkmal* aus rotem Granit der Wende zum Opfer und wurde abgerissen.

VOLKSPARK HASENHEIDE

→ zwischen Columbiadamm, Lilienthalstraße und der Straße Hasenheide; 10965 Berlin (Neukölln)
U Boddinstraße, Hermannplatz, Südstern Bus 104, 129, 141, 144, 167, 241, 248

Der Volkspark Hasenheide ist einer der größeren Berliner Volksparks. Inmitten der dicht besiedelten Bezirke Kreuzberg und Neukölln gelegen, zählt er zu den am intensivsten genutzten Stadtparks.

Ihren Namen leitet die Anlage von einem Hasengehege aus dem 17. Jahrhundert ab. Die ursprüngliche Hasenheide war allerdings bedeutend größer als der heutige Park und umfaßte auch das Gelände der benachbarten Sportplätze und Friedhöfe sowie einen Teil des heutigen Flughafens Tempelhof.

Die Geschichte des Parks ist eng verknüpft mit den Aktivitäten von „Turnvater" Friedrich Ludwig Jahn, dem Mitbegründer der frühen nationalen Einheitsbewegung. Ab 1810 veranstaltete er in der Hasenheide regelmäßig seine Leibesübungen, ab 1811 auf einem eigens dafür eingezäunten Areal, dem ersten öffentlichen Turnplatz Deutschlands. Nahe der Karlsgartenstraße steht heute noch die Jahn-Eiche, an deren unteren Ästen Jahn den ersten Turnern Recküͅbungen beigebracht haben soll. An der Stelle des zuletzt eingerichteten Turnplatzes auf einer Anhöhe im Nordostteil des Volksparks wurde zum 20. Todestag Jahns 1872

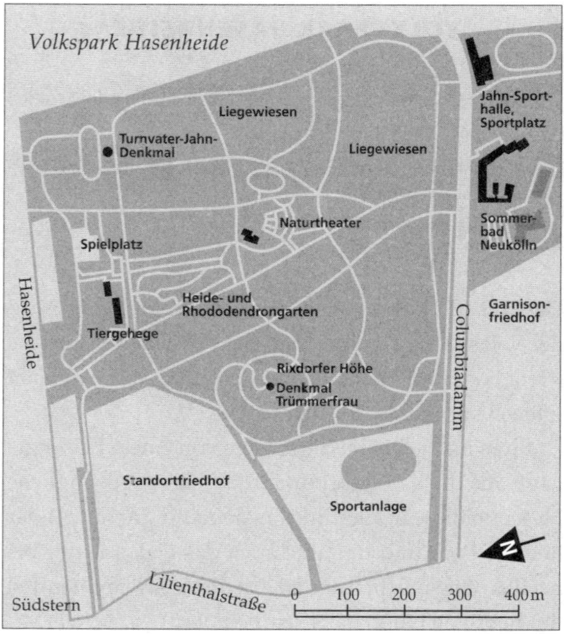

das *Jahn-Denkmal*, ein 6 m hohes Bronzestandbild des Turners von Erdmann Enke, errichtet.

Jahn selbst wurde 1819 wegen seines „liberalen" Einflusses auf die von ihm mitbegründeten Burschenschaften verhaftet und das Turnen verboten. Der Prozeß gegen ihn, der im damaligen Kammergericht, dem heutigen *Stadtmuseum Berlin (Berlin Museum)* stattfand, endete 1925 mit einem Freispruch, an dem der Kammergerichtsrat und Schriftsteller E.T.A. Hoffmann keinen geringen Anteil hatte. Dennoch blieb Jahn bis 1840 unter polizeilicher Aufsicht. 1848 trat er zum letzten Mal ins Rampenlicht: Als Abgeordneter vertrat er die „Erbkaiserpartei" in der Frankfurter Nationalversammlung, konnte sich aber mit seinen demokratisch-monarchistischen Ideen nicht durchsetzen.

Nach dem I. Weltkrieg begann die Umgestaltung des gesamten Areals sowie eines Teils des *Tempelhofer Feldes* zu einem 85 ha großen Volkspark. Ein erster Abschnitt konnte 1925 eingeweiht werden, aber schon 1936 fiel das Tempelhofer Gelände der Erweiterung des Flughafens zum Opfer. Dennoch geht die heutige Gestalt der Anlage weitgehend auf die 1936-39 realisierten Pläne von Stadtgartendirektor Joseph Pertl zurück. Nach dem II. Weltkrieg setzte man die Umgestaltung des Geländes fort, wobei 1951 der 70 m hohe Trümmerberg *Rixdorfer Höhe* hinzukam, die sich heute in einem etwas verwahrlosten Zustand befindet. In diesem Parkteil ist auch das 1954 von Katharina Singer geschaffene *Denkmal der Trümmerfrau* zu finden – eine Reminiszens an jene Frauen, die Berlin nach dem II. Weltkrieg „aufräumten".

Charakteristisch für die Anlage sind riesige Wiesenflächen, gesäumt von baumbestandenen Wegen. Beides wird nach wie vor von Freizeitsportlern aller Coleur genutzt, was man den Wiesen deutlich ansieht, die in trockenen Zeiten eher einer Sandwüste gleichen. Auch sonst hält der Park ein reichhaltiges Repertoire an weiteren Freizeitmöglichkeiten bereit: im Norden, zur Straße Hasenheide hin, kann Minigolf gespielt und Eis verzehrt werden. Hier befindet sich zudem ein *Tiergehege* mit Ziegen und Rehen. Das 1954-56 erbaute *Freilichttheater* mit 1.000 Plätzen wird im Sommer für Konzerte und regelmäßig als Freiluftkino genutzt, über dessen Programm die Stadtzeitungen und Anschläge informieren. In Theaternähe findet sich übrigens ein kleiner *Rosengarten* für all jene, die eher die Ruhe auf dem Gelände suchen.

Die Hundeauslaufstelle im westlichen Teil des Volksparks gestattet schließlich auch den Vierbeinern die hochoffizielle Möglichkeit zum Herumtollen und zur Kontaktaufnahme, was aber keineswegs heißt, daß sie dies in anderen Teilen des Parks nicht täten.

Seinen alljährlichen Höhepunkt erlebt der Park jeweils im Mai: Dann werden die *Neuköllner Maientage* gefeiert, und für reichlich zwei Wochen verwandelt sich eine der großen Wiesen in einen Kirmesplatz mit Autoscooter, Riesenrad und abendlichem Feuerwerk.

VOLKSPARK HOHENSCHÖNHAUSEN

➔ zwischen Hansastraße und Buschallee bzw. ihrer Verlängerung, der Suermondstraße; 13053 Berlin (Weißensee)
Tram 3,4, 13, 18 Bus 259

Der 25 ha große Volkspark Hohenschönhausen liegt nicht – wie sein Name vermuten läßt – im gleichnamigen Bezirk Hohenschönhausen, sondern ist ein Ortsteil von Weißensee, dem er bei der Bezirksreform 1985 zugeschlagen wurde. Ein Großteil des Geländes um den *Faulen See* ist als Natur- und Vogelschutzgebiet ausgewiesen, was den Hohenschönhausener Park zu einer Besonderheit unter den Berliner Volksparks macht. Bemerkenswert ist das Sumpfgewässer mit seiner reichhaltigen Fauna; Vogelfreunde geben vor, hier bis zu 70 verschiedene Arten von Brutvögeln gezählt zu haben, darunter Sumpfrohrsänger, Rohrammern, Teichhühner und Stockenten. Auch seltene Arten von heimischen Lurch- und Fischfaunen sollen hier schon gesichtet worden sein. Wer sich nicht danach sehnt, mit dem Fernglas diese und andere seltene Arten aufzuspüren, kann auf den zahlreichen Spazierwegen flanieren – oder auf dem Naturlehrpfad seine Kenntnisse über Flora und Fauna erweitern. Spielplätze für die Kleinen und die an der Hansastraße gelegenen Sportanlagen des Stadions Buschallee ergänzen das Angebot.

VOLKSPARK HUMBOLDTHAIN

zwischen Brunnenstraße, Gustav-Meyer-Allee und Hussitenstraße; 13355 Berlin (Wedding)
S Gesundbrunnen, Humboldthain U Gesundbrunnen
Bus 120, 245, 328

Angrenzend liegt das **Sommerbad Humboldthain:** Wiesenstraße 1, 13357 Berlin 030 / 464 49 86

Der 1869-72 zu Ehren Alexander von Humboldts angelegte Humboldthain hatte früher einige Besonderheiten zu bieten: So stammten die dort angepflanzten Gehölze aus ganz unterschiedlichen Regionen Amerikas, Asiens und Europas, eine sogenannte *Geologische Wand* zeigte einen Querschnitt durch die Erdgesteine und auch die Kinder kamen im Humboldthain auf ihre Kosten: Als erster Volkspark erhielt er einen großen, hippodromförmigen *Spielplatz*, der im Winter zur Eislaufbahn wurde. Doch all diesen Vergnügungen bereitete der II. Weltkrieg ein Ende, denn der Bau zweier Hochbunker mit Flaktürmen (1941) ließ den Park zum Kriegsschauplatz denaturieren.

Seit ihrer Neugestaltung 1948-51 durch Günter Rieck besteht die Anlage im wesentlichen aus weiten Wiesen mit kleinen Baumgruppen und zwei Hügeln, unter denen sich die gesprengten und mit Trümmerschutt bedeckten Flaktürme verbergen. Nähert man sich dem Humboldthain vom S-Bahnhof Gesundbrunnen aus, so trifft man zunächst auf den *Rosengarten* mit einem idyllischen Laubengang. Von hier aus geht es entweder über den bequemen Serpentinenweg oder die anstrengendere Treppe hinauf zur 85 m hohen *Humboldthöhe,* deren Gipfel die Überreste eines Flakturms bilden. Oben angekommen, eröffnet sich von den beiden Aussichtsplattformen ein schöner Rundblick auf die gesamte Stadt; kleine Tafeln erleichtern die Orientierung. Noch heute erinnert die am 13. August 1967 hier aufgestellte *Metallskulptur „Wiedervereinigung"* (Arnold Schatz) daran, daß die nah gelegene Gethsemanekirche im Prenzlauer Berg schwerer zu erreichen war als die wesentlich weiter entfernte Kaiser-Wilhelm-Gedächtniskirche in Charlottenburg. Wer die Humboldthöhe über den Serpentinenweg wieder verläßt und die Reste des Hochbunkers von den S-Bahn-Gleisen aus betrachtet, sieht hier viele kleine in den Beton geschlagene Ringe. Die Berliner Sektion des Deutschen Alpenvereins (DAV) nutzt die 15 m hohe Bunkerwand als *Kletterfelsen,* und zur Freude einiger Besucher taucht ab und an ein Kletterer am Überhang auf der Höhe der Aussichtsplattform auf.

Vorbei an einem Spielplatz und dem Sommerbad Humboldthain geht es dann Richtung Wiesenstraße zum zweiten „Berg" im Süden des Parks, der im Winter als *Rodelbahn* dient. Hier gibt es auch einen weiteren Spielplatz und einen Tennisplatz. Wer den Volkspark Richtung Brunnenstraße verläßt, trifft nahe der Himmelfahrtskirche auf die schlichte *Gedenkstele für Alexander von Humboldt,* dessen 100. Geburtstag sich im Jahr der Parkeröffnung jährte.

VOLKSPARK JUNGFERNHEIDE

➔ zwischen Kurt-Schumacher-Damm, Heckerdamm, Jungfernheideweg und Saatwinkler Damm; 13629 Berlin (Charlottenburg)
U Jakob-Kaiser-Platz, Halemweg, Siemensdamm Bus X 9, X 21, 109, 121, 123, 128, 421

Freibad Jungfernheide ☎ 030 / 380 53 51

Der 146 ha große Volkspark Jungfernheide zählt mit dem unweit in östlicher Richtung gelegenen > VOLKSPARK REHBERGE und dem *Goethepark* zur „grünen Lunge" des Berliner Nordens. Er befindet sich an einem traditionell für die Naherholung genutzten Ort und entstand auf dem Gebiet des früheren kurfürstlichen beziehungsweise königlichen Jagdreviers Jungfernheide. 1908 kaufte die Stadt Charlottenburg einen Teil des Areals, um das stadtnah gelegene Waldgebiet für die erholungsuchende Bevölkerung umzugestalten. Die Pläne lieferte der für mehrere Berliner Volksparks verantwortliche Stadtgartendirektor Erwin Barth. Er griff nur behutsam in den Mischwaldbestand ein und integrierte ihn in die neue Parklandschaft.

Bemerkenswert ist das streng geometrisch angelegte Parkzentrum, in dessen Mitte sich der *Jungfernheideteich* und eine Insel befinden. Am Teich konzentriert sich auch der architektonische Schmuck mit heckengefaßten Wegen und einem auffälligen, südlich des Gewässers stehenden kupfergedeckten Pavillon im Spitzbogenstil aus den 20er Jahren. Der Kernbereich um den Park war von Anbeginn für eine intensive Nutzung vorgesehen, ein Konzept, das nach wie vor erfolgreich funktioniert. So ist am Westufer des Sees das hufeisenförmige Freibad Jungfernheide angesiedelt, eine Planschwiese sowie die gleichfalls von Barth entwickelte Kindererholungsstätte, auf deren Gelände sich ein großer Abenteuerspielplatz befindet. Auf dem Teich selbst kann gerudert werden, im Nordwesten schließen sich die Sportplätze Jungfernheide mit einem Tennisplatz sowie das Ruderleistungszentrum an.

Aber auch abseits des Zentrums bietet der Park Zerstreuungsmöglichkeiten: Spaziergänger und Naturliebhaber finden Erholung auf den weiten Rasenflächen, die ein etwa 4 km langer Rundweg durchzieht. Östlich der Spielwiese befindet sich der weithin sichtbare, 1926/27 erbaute Wasserturm von Walter Helmcke, im Südwesten gibt es ein *Tiergehege* mit Schwarz- und Damwild und im Süden ein kleines Naturtheater (Barth, 1923-25).

Durch die bauliche Entwicklung befindet sich der ursprünglich am Stadtrand gelegene Park heute allerdings in einer etwas kuriosen Lage: Zwei stark befahrene Straßen sowie die Stadtautobahn und der Flughafen Tegel bilden die nur mäßig animierende Umgebung. Vielleicht wirkt der Volkspark gerade deshalb wie eine Oase.

VOLKSPARK MARIENDORF

zwischen Mariendorfer Damm, Prühßstraße, Rixdorfer Straße und der Straße Alt-Mariendorf; 12109 Berlin (Tempelhof)

U Westphalweg, Alt-Mariendorf Bus X 76, 111, 176, 177, 179, 181, 277, 376

Freibad Mariendorf: Rixdorfer Straße, 12109 Berlin

030 / 75 60 27 05

Der Mariendorfer Volkspark ist ein typisches Beispiel für die symmetrische Grundstruktur der Berliner Gartenanlagen Anfang des 20. Jahrhunderts. Das langgestreckte, etwa 26 ha große Areal entstand 1923-34 nach Plänen der beiden Gartenamtsleiter Bernhard Kynast und Rolf Fischer. Die vorhandenen Pfuhle bezogen sie in die Gestaltung mit ein, und bis heute sind vier dieser Kleingewässer erhalten geblieben, wobei das große, quadratisch angelegte Becken zum Tempelhofer Damm hin, der *Blümelteich,* besonders ins Auge fällt. Dieser ist – vornehmlich bei schönem Wetter – ein Eldorado für Modellbootbauer. Hier kann der staunende Flaneur die in vielen Stunden Kleinarbeit entstandenen, unterschiedlichsten Bootstypen bewundern, vom eleganten Dreimaster bis zum schnittigen Rennboot.

Ein *Sommerblumengarten* und eine Festwiese, die allerdings vor allem als Bolzplatz genutzt wird, schließen sich in östlicher Richtung an; Gärten mit Azaleen, Sumpfblumen und Rosen erhöhen den floralen Reiz der Anlage. Sehenswert sind auch der *Vierkinderbrunnen* von 1926-28 am Südrand des Parks, die bespielbare Muschelkalk-Skulptur *Bär* (Hans Bautz, 1966) im Sandkasten des nordwestlichen Spielplatzes und der *Gedenkstein für Friedrich Küter,* einen in Sachsenhausen ermordeten Förderer des Volksparks. Die winterliche Attraktion des Parks ist jedoch der *Rodelberg.* 1927-29 angelegt und 1952-54 nochmals um 10 m erhöht, erreicht er nunmehr 60 m Höhe und bietet einen respektablen Rundblick und eine fulminante Abfahrt.

VOLKSPARK PRENZLAUER BERG

→ zwischen Hohenschönhauser Straße, Maiglöckchenstraße, Schneeglöckchenstraße und Sigridstraße; 10407 Berlin (Prenzlauer Berg)
S Landsberger Allee, Bus 100, 156, 157, 257 Tram 5, 6, 7, 15, 23

Der an der südöstlichen Bezirksgrenze gelegene Volkspark Prenzlauer Berg entstand in den 50er Jahren über einem aus rund 3 Mio. m³ Schutt aufgetürmten Trümmerberg. 1962-67 wurde das Areal zur Naherholungsanlage ausgestaltet. Wegen der Gefahr von Bodensenkungen konnten allerdings keine Bauten errichtet werden, stattdessen kennzeichnen ein reicher Waldbestand und Rasenflächen den Park.

Wer den Volkspark von der Ecke Hohenschönhauser/Maiglöckchenstraße betritt, trifft zuerst auf einen bepflasterten Platz. An seiner Stirnwand ist ein 1973 von Birgit Horota geschaffenes *Bronzerelief „Zur Geschichte der Arbeiterbewegung im Prenzlauer Berg"* angebracht. Es zeigt Szenen aus der Geschichte Berlins und des Bezirks. In unmittelbarer Nähe steht die *Bronzeskulptur „Vater und Sohn"* (Stephan Horota, 1973). Das zum 30. Gründungstag der DDR-Kampfgruppen am 15. September 1983 eingeweihte *Kampfgruppendenkmal* von Gerhard Rommel wurde im Februar 1992 entfernt.

Der ausführliche Rundgang durch den Park ist empfehlenswert für geübte Spaziergänger, da das Erklimmen der beiden Gipfel der Trümmerberge, 89 und 91 m hoch, etwas Kondition erfordert. Zudem ist Vorsicht geboten, denn die asphaltierten Wege werden gerne von Rollschuhfahrern und „Inline-Skatern“ als Rennpiste genutzt. Als einer der wenigen in Parks gelegenen Trümmerbergen bietet der Gipfel eine weite Aussicht, die wegen der eher eintönigen Bebauung leider wenig reizvoll ist. Immerhin stellt der *Rodelhang* eine rasante Herausforderung dar. Der schönste Teil des Parks ist das als Amphibienschutzgebiet ausgewiesene Feuchtbiotop mit dem kleinen Teich. Wer etwas Geduld hat, kann hier Frösche, Molche und andere Lurchtiere beobachten. Auch wenn der landschaftsgärtnerische Reiz und die Freizeitangebote des Volksparks noch nicht sehr groß sind – eine entsprechende Umgestaltung ist im übrigen vorgesehen – so ist doch das lautstarke Froschkonzert in lauen Sommernächten eine der ungewöhnlichsten Großstadterfahrungen Berlins.

VOLKSPARK REHBERGE

→ zwischen der Afrikanischen Straße, Transvaalstraße und dem Dohnagestell; 13351 Berlin (Wedding)
U Rehberge, Afrikanische Straße Bus 126, 221, X26

Der Volkspark Rehberge ist einer der größten klassischen Parkanlagen Berlins. Umgeben von einem halben Dutzend Kleingartenkolonien, Friedhöfen und weiteren Parks, wie dem *Goethepark* gleich auf der anderen Seite der Transvaalstraße, dem > VOLKSPARK JUNGFERNHEIDE im Westen und dem > SCHILLERPARK im Nordosten, bildet er das Kernstück der „grünen Lunge" des Berliner Nordens. Dessen Schönheit läßt allerdings nicht mehr erahnen, unter welch schwierigen Bedingungen seine Anlage erfolgte. Ursprünglich stand hier ein Forst. Im kalten Hungerwinter 1919/20, als die Weddinger Arbeiter beim großen Generalstreik vom März 1920 keine geringe Rolle beim Sturz der aufständischen Reaktionäre spielten, blieb den frierenden Bürgern nichts anderes übrig, als den Wald abzuholzen und zu verheizen. 1926-29 entstand auf dem nun brachliegenden Gelände der Volkspark nach Plänen des damaligen Stadtgartendirektors Erwin Barth. Die finanziellen Möglichkeiten erlaubten jedoch keine allzu großen Sprünge. So blieb die vorhandene Berg- und Tallandschaft weitgehend erhalten, die auch noch heute den Charakter des Parks bestimmt. Ohne auf Achsen und geometrische Elemente gänzlich zu verzichten, kennzeichnet Rehberge seine landschaftliche Vielfalt: hügelige Wäldchen wechseln ab mit großflächigen Wiesenstücken, die durch ein gut ausgebautes Wegenetz miteinander verbunden sind.

Am besten betritt man den Park im Süden von der Transvaalstraße aus, durchschreitet den schmalen Buchenwaldstreifen und gelangt auf die weitläufige Spielwiese. Von dort aus lohnt der Weg auf den gegenüberliegenden Hügel, und wer sich nun nach links wendet, kommt zu einer mächtigen Plattform. Hier steht ein Nachguß des monumentalen, 1930 von Georg Kolbe geschaffenen *Rathenau-Brunnen*. Allein die gewaltige Bronzeschale hat einen Durchmesser von mehr als 6,5 m, und die mittlere Brunnenspirale ragt gut 4 m in die Höhe. Der den Brüdern Walter und Emil Rathenau gewidmete Brunnen wurde 1934 von den Nationalsozialisten aus ideologischen Gründen entfernt und für den Guß des *Schiller-Denkmals* eingeschmolzen. Erst zur 750-Jahr-Feier Berlins 1987 erfolgte die Aufstellung einer Rekonstruktion. Vom Brunnen aus hat man einen wunderbaren Blick auf die Umgebung, und im Winter kann man den Schlittenfahrern zusehen, wie sie eine der schönsten *Rodelbahnen* Berlins in Besitz nehmen.

Auch sonst bietet der Volkspark Rehberge viel Abwechslung. Tierliebhaber können in den im Westen gelegenen Gehegen Wildschweine, Damwild und Vögel beobachten. Ein Tanzplatz, die Skatecke und der aufwendige Indianerspielplatz ergänzen das ungewöhnliche Angebot. Sportlich ambitionierte Parkbesucher frönen ihrer Leidenschaft im Stadion Rehberge, auf dem Sportplatz oder den Tennisplätzen des „BSC Rehberge 1945", der außerdem ein Clubhaus unterhält. Weiter im Norden finden sich noch eine kleine *Freilichtbühne*, in der im Sommer Theaterstücke aufgeführt werden, sowie drei kleine Teiche: der *Entenpfuhl*, der *Sperlingsee* und der *Möwensee*. Wen es von den Teichen aus nun noch weiter nach Nordwesten zieht, gelangt bald zu einer ausgedehnten Kleingartenkolonie. Sie war die erste gartenkünstlerisch durchgestaltete Dauerkleingartenanlage der Stadt, die später als Vorbild für zahlreiche ähnliche Projekte diente.

VOLKSPARK SCHÖNHOLZER HEIDE

➔ zwischen Hermann-Hesse-Straße, Straße vor Schönholz, Waldsteg, Straße und Friesenstraße; 13158 Berlin (Niederschönhausen)

S Schönholz, Wilhelmsruh Bus 150, 155, 228, 350

Im Gegensatz zu den meisten der innerstädtischen Parks ist der 35 ha große Volkspark Schönholzer Heide in Pankow eine weitgehend naturbelassene Grünanlage. Die seit den 20er Jahren nach und nach erfolgte Umgestaltung des weiträumigen Waldgebiets zu einem Volkspark ließ den alten Baumbestand im wesentlichen unangetastet. Den gesamten Westabschnitt des von der Germanenstraße geteilten Parks nimmt das *Sowjetische Ehrenmal Schönholzer Heide* ein. Auf der 1947-49 mit Materialien aus der Reichskanzlei errichteten Gedenkstätte sind etwa 13.200 in den Kämpfen um

Berlin im April 1945 gefallene Sowjetsoldaten begraben. Lindenalleen, Rasenstücke und Blumenfelder lassen die Anlage zunächst wie einen Park wirken. Wer sich aber dem Bronzedenkmal (einer trauernden Mutter vor ihrem aufgebahrten Sohn) nähert, wird unwillkürlich von einer Friedhofsatmosphäre erfaßt. Hinter der Plastik ragt ein 33,5 m hoher Obelisk in den Himmel.

Östlich der Germanenstraße führen zahlreiche Wege durch den Waldpark. Die Anhöhe mit der *Rodelbahn* ist allerdings kein begrünter Trümmerberg, sondern entstand Anfang der 30er Jahre durch Aufschüttung des Aushubs vom U-Bahn-Bau der Strecke nach Gesundbrunnen. Auf der Höhe Tuchmacherweg geht der Park wiederum in einen Friedhof über. Im Süden grenzen an den *Wald- und Parkfriedhof Pankow-Schönholz* die Paul-Zobel-Sportanlagen.

VOLKSPARK WILMERSDORF

➔ zwischen Rudolstädter Straße, Naunheimer Straße und Wallenbergstraße; 10715 Berlin (Wilmersdorf)
U Blissestraße, Heidelberger Platz, Rathaus Schöneberg

Auf der anderen Seite der Stadtautobahn befindet sich das **Stadion Wilmersdorf** mit Sporthalle, Sportplatz, Eisstadion und Hallenbad: Fritz-Wildung-Straße 7, 14199 Berlin ☎ 030 / 86 41 39 34

Zusammen mit dem östlich anschließenden *Rudolph-Wilde-Park* bildet der etwa 25 ha umfassende Volkspark Wilmersdorf einen rund 3 km langen und cirka 150 m breiten Grünzug vom *Rathaus Schöneberg* bis zum Autobahnkreuz Wilmersdorf. Eine ganz ordentliche Laufstrecke, die Jogger auf gut acht Kilometer erweitern können, wenn sie die Autobahn am „Hohen Bogen" überqueren und noch das Stadion Wilmersdorf umrunden. Da den Park stark befahrene Straßen durchschneiden, sind einige Höhenunterschiede zu bewältigen, um von einer Parkfläche in die nächste zu kommen: Autobahn und Bundesallee überspannen hohe Fußgängerbrücken, und die Innsbrucker Straße führt im Osten als Brücke durch den Park.

Aber auch für Nicht-Jogger besteht kein Mangel an Freizeitmöglichkeiten: Sportplätze finden sich zwischen Blissestraße und Uhlandstraße, an der Prinzregentenstraße gibt es einen Grillplatz und einen eigenen Auslauf für Vierbeiner, auf Höhe des zum DeutschlandRadio gehörenden RIAS-Hauses findet sich ein gut ausgestatteter Spielplatz. Kunstliebhabern wird die in der Nähe der Fußgängerbrücke aufgestellte Bronzestatue eines *Speerwerfers* von Karl Möbius auffallen (das Original von 1921 wurde 1944 eingeschmolzen, der zu besichtigende Neuguß stammt aus dem Jahr 1954) sowie die 5 m hohe *Stahlbetonsäule mit farbigen Keramikscheiben* (Susanne Riée, 1968) an der Uhlandstraße. Beachtenswert ist auch das 1929 von O. Siepenkothen und Wilhelm Meller geschaffene monumentale *Kriegerdenkmal* an der Freiherr-von-Stein-Straße; es erinnert an die Gefallenen der „Eisenbahntruppen" aus beiden Weltkriegen.

Daneben hat der Volkspark eine architektonische Besonderheit zu bieten: Unter der Innsbrucker Straße befindet sich der 1907 von Emil Staudt, dem Architekten des KaDeWe, geplante Bahnhof Rathaus Schöneberg, einer der schönsten U-Bahnhöfe Berlins. Wer hier ankommt oder abfährt, blickt direkt auf die Grünflächen und den *Ententeich mit Fontäne.* Bis 1945 waren die Arkaden an den Seiten sogar offen, dann wurden sie leider verglast.

Eine neobarocke Treppe führt nun vom Volkspark zur direkt über dem Bahnhof gelegenen Innsbrucker Straße und von dort wieder hinunter in den benachbarten *Rudolph-Wilde-Park.* Dieser repräsentative Architekturpark entstand 1910-12 zusammen mit dem gegenüberliegenden Schöneberger Rathaus. Lange bekannt als *Stadtpark Schöneberg,* erhielt er 1963 seine heutige Bezeichnung, die an den ersten Schöneberger Oberbürgermeister, Rudolph Wilde, erinnert. Den östlichen Abschluß des Parks bildet ein schattiger Platz mit einem schönen Brunnen. Zwischen den Fontänen röhrt auf einer Säule Schönebergs Wappentier, der *Goldene Hirsch* (August Gaul, 1912). Auch bei großer Hitze läßt es sich auf einer der Bänke unter den hohen Platanen gut aushalten, denn von den Fontänen herüberspritzende Wassertropfen sorgen stets für eine kühle Erfrischung.

VOLKSPARK WUHLHEIDE

zwischen Köpenicker Allee und Straße An der Wuhlheide; 12621 Berlin (Köpenick)
Wuhlheide Tram 26, 61, 67

Freizeit- und Erholungszentrum Wuhlheide (FEZ): Eichgestell, 12459 Berlin täglich 10-21 Uhr, bei Veranstaltungen auch länger je nach Art der Veranstaltung 030/63 88 70

Der Volkspark Wuhlheide in Köpenick ist ein weitläufiges Waldschutzgebiet, wo auf sandigem Untergrund überwiegend einheimische Nadelhölzer wachsen. Kein aufregender Park, befinden sich doch mit dem Treptower Park, dem Spreepark und dem Plänterwald gleich drei Erholungs- und Vergnügungsparks in der Nähe. Attraktiv machen den Besuch der Wuhlheide denn auch weniger die Sandwege als ein Kleinod: Im Osten des Parks lockt das als *Pionierpark Ernst Thälmann* bekannt gewordene *Freizeit- und Erholungszentrum Wuhlheide (FEZ)*. Zu DDR-Zeiten reisten stets Pionier- und FDJ-Gruppen aus der gesamten Republik in die 1951 anläßlich der III. Weltfestspiele der Jugend eröffnete Wuhlheide, aber auch heute ist der *Palast* (früher „Pionierpalast") gut besucht.

Auf rund 1.300 m^2 Nutzfläche sind hier eine Schwimmhalle mit 50-Meter-Becken, eine Sporthalle, drei Vortrags- und Kongreßsäle mit bis zu 1.150 Sitzplätzen sowie mehrere hundert Club- und Seminarräume untergebracht. Daneben gibt es Spiel- und Bastelräume, Bühnen, Studios und sogar eine Diskothek.

Aber damit nicht genug. Der Park rund um den FEZ-Palast bietet weitere Freizeiteinrichtungen: Im Süden ein Sportstadion mit 6.000 Zuschauerplätzen, im Norden einen künstlich angelegten Badesee mit Sandstrand, dazwischen liegen zwei *Gewächshäuser*, ein *Haus für Natur und Umwelt*, ein Erlebnisspielplatz und zwei *Freilichtbühnen*. Einen guten Überblick über das gesamte Gelände bekommt der Besucher während einer Fahrt mit der 1956 eröffneten „Pioniereisenbahn", heute *Parkeisenbahn*, die den Park auf einer rund 6,5 km langen Schienenstrecke umrundet und an fünf Stationen hält.

Hinzuweisen ist noch auf zwei Besonderheiten in der unmittelbaren Umgebung der Wuhlheide. Westlich des FEZ liegt der *Waldfriedhof Wuhlheide* mit der von Alfred Messel entworfenen Grabstätte der Familien Rathenau. Hier sind unter anderem der AEG-Gründer Emil Rathenau und der 1922 ermordete Außenminister Walther Rathenau begraben. Wen es eher zu geselligem Treiben zieht, dem sei die nördlich des Parks gelegene *Trabrennbahn Karlshorst* anempfohlen. Mit etwas Glück lassen sich Kaffee und Kuchen vielleicht über eine Pferdewette finanzieren.

WEISSENSEER PARK

zwischen Parkstraße, Großer Seestraße und Berliner Allee; 13086 Berlin (Weißensee)

Strandbad Weißensee: Seeweg, 13086 Berlin 030/9653241

Der etwa 15 ha große Park um den kreisrunden, 10.000 Jahre alten *Weißen See* zählt zu den beliebtesten Ausflugszielen der Stadt. Spazierengehen, (Sonnen-) Baden, Rudern, Kaffee trinken – kein Sonntagsnachmittagsvergnügen bleibt offen. Westlich des Sees erstrecken sich große Rasenflächen, am Südufer gibt es ein Freibad mit künstlich angelegtem Sandstrand und Aussichtsterrasse, gleich daneben der Bootsverleih. Obwohl der See keine natürlichen Zu- und Abflüsse hat – er entstand aus Toteis im Becken der Barnimhochfläche – ist die Wasserqualität annehmbar. Eine Fontäne und eine Sauerstoffanreicherungsanlage sorgen für Belüftung, seit 1977 wird Grundwasser eingespeist, um den Wasserpegel zu halten. Auch Karpfen soll es hier geben.

Ende des 18. Jahrhunderts lagen rund um den Weißen See einen Vergnügungspark mit Reitbahn, Karussells, Musikpavillon, Rutschbahn und Seeterrasse. In der Nähe des zur Zeit geschlossenen Etablissements *Eierhäuschen* soll sich auch das *Schloß Weißensee* befunden haben, das Landesökonomierat Friedrich Wilhelm Lüderitz 1859 errichten ließ. Seit 1915 war hier das Militär untergebracht, am 21. Februar 1919 fiel es einem Feuer zum Opfer.

Einen schönen Blick auf See, Fontäne und Strandbad hat man von der „Seefreiheit“ am Nordufer, die von Neptun und einer Nymphe (Hans Schellhorn 1912) bewacht wird. Gleich daneben liegen die *Freilichtbühne* und ein Spielplatz mit Planschbecken und wasserspeienden Seehunden, einen zweiten Spielplatz gibt es an der Berliner Allee. Es gibt sicher beschaulichere Orte als den Weißenseer Park, doch die Fangemeinde zieht es selbst im Winter jeden Sonntag auf den See, der dann zur Eislaufbahn wird.

TIERPARKS UND BOTANISCHE GÄRTEN

Arboretum
Botanischer Garten
Ostdeutscher Rosengarten Forst
Tierpark Berlin
Zoologischer Garten

ARBOARETUM

➔ Zwischen Späthstraße, Königsheideweg und Straße 19; 12437 Berlin (Treptow) ☎ 030 / 636 69 41
S Baumschulenweg U Blaschkoallee Bus 265
April - Oktober Mi, Do, Sa, So 10-18 Uhr DM 1,–

Unweit des mauerzeitlichen „Niemandslandes" zwischen den Bezirken Neukölln und Treptow findet sich ein Kleinod für die Freunde der Botanik. Im Arboretum der *Humboldt-Universität zu Berlin* sind rund 1.200 Gehölzsippen aus allen Kontinenten zu bewundern. Wissenschaftler des Instituts für Spezielle Botanik, das eine renommierte wissenschaftliche Fachzeitschrift sowie den „Index seminum", die Samenliste für den internationalen Saatgutaustausch, herausgibt, betreuen hier neben den Gehölzen, Arznei- und Gewürzpflanzen rund 300.000 Belege in den *Herbarien*. Die idyllische Anlage bietet dem Besucher Tausende von Baum- und Sträuchersorten, alle versehen mit Namenstafeln, einen schönen Teich und den 1931 angelegten *Steingarten*.

Das Arboretum blickt auf eine beachtliche, bis ins frühe 18. Jahrhundert reichende Geschichte zurück, die untrennbar mit dem Namen der weltberühmten Gärtnerfirma Späth verbunden ist. Im Jahr 1720 gründete Christoph Späth in Berlin eine kleine Gärtnerei. Sein Nachfahre Franz Späth übernahm gut einhundert Jahre später als junger Mann den Betrieb und verlegte die Baumschulen 1864 in die *Britzer Feldmark*, wo sie bald eine Fläche von etwa 1.000 Morgen (ca. 500 ha)

Land einnahmen. Späth förderte die Organisation und Betriebsführung des deutschen Baumschulenwesens, prüfte den Anbauwert aller erreichbaren Obstsorten und züchtete zahlreiche neue Sorten. 1874 ließ er sich ein respektables Herrenhaus errichten, und fünf Jahre später wurde nach Plänen von Gustav Meyer das Arboretum angelegt. Dieser ca. 5 ha große Hausgarten war zugleich Versuchsfeld und Ausstellungsgelände medizinisch nutzbarer Pflanzen für Kunden, zu denen unter anderem Fürst Bismarck, General Moltke und Fürst Bülow zählten. Gut zwei Generationen später vernichteten die Nationalsozialisten die inzwischen weltbekannte Firma. Der letzte Inhaber, Helmut Späth, wurde ins Konzentrationslager Sachsenhausen gebracht, wo er 1944 umkam. Nach dem Krieg überführte die DDR das Anwesen in Volkseigentum, seit 1966 liegt er in der Obhut der Humboldt-Universität.

BOTANISCHER GARTEN

Königin-Luise-Straße 6-8; 12165 Berlin (Steglitz)
030 / 83 00 60
U Rathaus Steglitz S Botanischer Garten Bus 101, 148
Mai - August 9-20 Uhr, November - Februar 9-16 Uhr, April und September 9-19 Uhr, März und Oktober 9-17 Uhr. Die Schauhäuser schließen jeweils 3/4 h früher. DM 4,40
Am Nordeingang an der Königin-Luise-Straße befindet sich das **Botanische Museum:** Di-So 10-17 Uhr, frei 030 / 83 00 60; (Info-Telefon: 030 / 830 01 27)

Der Botanische Garten ist einer der wenigen garantiert hundefreien Parks in Berlin-Brandenburg: Vierbeiner haben hier keinen Zutritt. Nicht zuletzt deshalb wird er von einigen der jährlich rund 400.000 Besucher besonders geschätzt. Ohne auf die „Tretminen" vom „besten Freund der Menschen" achten zu müssen, kann der Besucher hier binnen weniger Stunden die Flora der Erde bestaunen.

Mit 43 ha Fläche und rund 18.000 Pflanzenarten gilt der Berliner Botanische Garten, eine Zentraleinrichtung der *Freien Universität Berlin*, als einer der größten der Welt. Noch heute zeigt er praktisch unverändert die Gartengestaltung des Historismus, die sich auf Peter Joseph Lenné und Gustav Meyer berief. Der klassischen Idee eines *Schloßparks* folgend, befindet sich im Mittelpunkt der Anlage ein symmetrisches Bauwerk – ein Komplex von 15 Pflanzenschauhäusern mit einer Gesamtfläche von 6.000 m^2 gruppiert sich um den Hang des *Fichtenbergs*. Das größte und älteste ist das 1907 festiggestellte und 1965-68 grundlegend erneuerte *Große Tropenhaus* (Haus A) mit 25 m Höhe und einer Fläche von 1.728 m^2. Es gilt als eines der bedeutenden Beispiele für die Stahl-Glas-Konstruktionen des ausgehenden 19. Jahrhunderts. Davor befindet sich das *Victoria-Haus*, so benannt nach der darin beheimateten Schwimmblattpflanze. Die seitlich gelegenen Häuser (E-K), 1980-87 erneuert und mit gewölbten Acrylglasfenstern versehen, vermitteln einen futuristischen Eindruck, fügen sich aber gut in das Gesamtbild ein.

Besonders an kalten Tagen sind die Gewächshäuser einer der angenehmsten Aufenthaltsorte Berlins. Schon beim Öffnen der Türen strömt dem Besucher wohlige Wärme entgegen, und die feucht-heiße Tropenluft im Großen Tropenhaus verschlägt so manchem bisweilen den Atem. Zu bestaunen sind Kakteen und Orchideen, Kamelien und fleischfressende Pflanzen oder Eukalyptusbäume. Das Große Tropenhaus versammelt unter anderem verschiedene Palmenarten und Nutzpflanzen, von denen einige in atemberaubender Geschwindigkeit wachsen – der Wachstumsfortschritt von mehreren Zentimetern täglich wird ständig dokumentiert.

Besonders hübsch ist der Miniatur-Wasserfall, der in ein kleines Wasserbecken plätschert, das mit Hilfe einiger großer Trittsteine „überquert" werden kann und entsprechend frequentiert ist. Über Treppenstufen kann der Besucher auf eine kleine Aussichtsplattform hinaufsteigen, von wo aus er den Palmenwipfeln näher ist und sich wie im Dschungel fühlen kann.

Den Gewächshäusern vorgelagert ist ein *Italienischer Garten.* Aus dem schwülen Tropendunst heraustretend, blickt der Spaziergänger auf ein Wasserbecken und einen sanft abfallenden Hang mit symmetrisch gesetzten Rabatten und einigen Skulpturen. Von hier aus läßt sich der Park auf mehreren Wegen erforschen. Im südlichen Teil am alleeartigen Hauptweg findet sich ein 1980-83 angelegter *Duft- und Tastgarten* sowie ein *Sommerblumen-Garten.* In Richtung der Schauhäuser sich wendend, passiert der Besucher 30 Kulturhäuser mit Pflanzen, die dem Publikum allerdings nicht zugänglich sind. Ganz im Westen der Anlage liegt die systematische Abteilung mit diversen „krautigen" Pflanzen; im Südwesten liegt das *Arboretum* mit ausgedehnten Wiesenflächen sowie großräumigen *Rosenbeeten* und anderen Gehölzen.

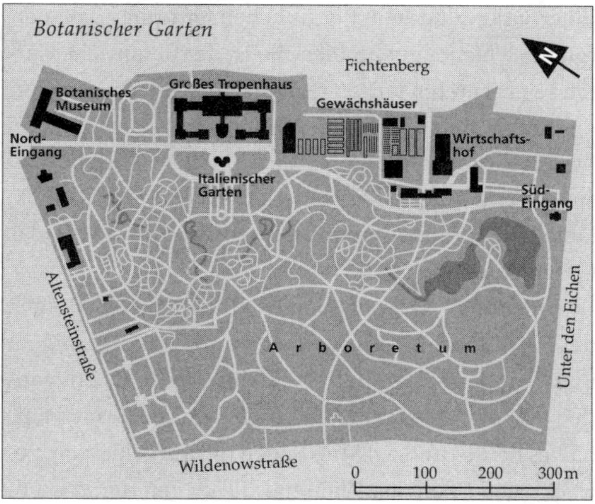

Der schönste Gartenteil ist nach Kontinenten geordnet. Hier ist möglich, was nicht einmal Jules Verne zu träumen wagte: in 80 Schritten um die Welt. Die Erdteile liegen dem Spaziergänger zu Füßen: im Norden Europa mit einigen künstlich angelegten Hügeln, südlich davon Afrika, dann Australien, Asien und Amerika, alle mit entprechender Flora. Die Alpen en miniature finden sich ebenso wie der Kaukasus und der Himalaya. Ein Besuch in diesem Gartenteil ersetzt schon fast eine Fernreise.

Einige kleinere Bauten, wie die *Japanlaube* im asiatischen Teil und die *Rosenlaube* im Arboretum, sowie zwei Teiche mit Goldfischen und nicht zuletzt zahlreiche Bänke komplettieren die Ausstattung des Gartens.

Lange Zeit in der klassischen Art und Weise städtischer Einrichtungen geführt, wird seit einiger Zeit inner- und außerhalb der üblichen Öffnungszeiten erfolgreich Neues ausprobiert. So ist der Botanische Garten seit mehreren Jahren regelmäßig Veranstaltungsort der längst nicht mehr zu den Geheimtips zählenden Veranstaltungsreihe *Schauplatz Museum*. Für eine Lesung, etwa aus den Reiseberichten von James Cook, läßt sich wohl kaum ein besserer Ort denken als das Große Tropenhaus.

Unbedingt zu empfehlen ist schließlich der Besuch des *Botanischen Museums*, das zu unrecht ein wenig im Schatten der anderen großen Museen steht. Entstanden aus dem ehemaligen königlichen *Herbarium*, enthält es heute rund 2,5 Mio. Bögen mit aufgeklebten, getrockneten Pflanzen. Während dieser Teil der Wissenschaft vorbehalten ist, kann die Öffentlichkeit im Schaumuseum anhand von Modellen Fortpflanzung und Vermehrung im Pflanzenreich verstehen lernen oder die pflanzlichen Beigaben ägyptischer Gräber bewundern.

Kurzum: Botanisches Museum und Garten bilden eine der schönsten, angenehmsten und nicht zuletzt lehrreichsten Oasen in der hektischen Metropole Berlin.

OSTDEUTSCHER ROSENGARTEN FORST

Wehrinselstraße, 03149 Forst/Lausitz 03562 / 75 48
Sommer: 9-20 Uhr, Winter: 10-16 Uhr DM 3,-

Der Ostdeutsche Rosengarten Forst in der Niederlausitz ist ein Eldorado für Rosenfreunde. Anfang des Jahrhunderts entstanden durch die Flußbettregulierung der *Neiße* im Südosten der Stadt Forst zwei Inseln. Die Stadt plante dort ein Wasserwerk, aber nach Probebohrungen stellte sich heraus, daß dieses Vorhaben nicht zu verwirklichen war. Deshalb beschloß die Stadtverordnetenversammlung 1906 die Anlage eines großen Parks, der im Jahr 1910 als englischer Landschaftsgarten ausgeführt wurde.

Große Trockenheit bedrohte jedoch schon im folgenden Jahr die junge Pflanzung. Die Stadt suchte nach einer Rettungsmöglichkeit für ihr neues Schmuckstück und wandte sich hilfesuchend an den „Verein der Gärtner und Gartenfreunde." Dieser schlug kurzerhand vor, das 25. Krönungsjubiläum von Kaiser Wilhelm II. zum Anlaß für eine große „Rosen- und Gartenausstellung" zu nehmen. Gut eineinhalb Jahre später, am 14. Juni 1913, erfolgte die Eröffnung der Ausstellung mit einem prunkvollen Fest. Das begeisterte Publikum bewunderte über 30.000 Rosen, und als besondere Attraktion stiegen zwei Freiballone auf. Bejubelter Höhepunkt aber war die Landung des Luftschiffes „Hansa", von dem man in der Niederlausitz noch lange sprach.

Schon vor dem Ende der Ausstellung setzte sich der damalige Gartenbaudirektor Alfred Boese für den Erhalt des Gartens ein. Die Stadt machte schließlich ein Angebot und erwarb am 21. Oktober 1921 die gesamten Pflanzungen. In den folgenden Jahren erweiterte man mehrfach den Park und veranstaltete regelmäßig Rosenschauen und andere Feste.

Als die sowjetische Armee im Februar 1945 die Neiße erreichte, wurde der Garten zum Kampfgebiet. Zerschossene Pergolen, Schützengräben und zersplitterte Bäume, zwischen denen einige unverwüstliche Strauchrosen blühten – dieses traurige Bild bot der Rosengarten noch im Sommer 1945. Doch schon kurz darauf begannen die Bürger unter Leitung des Gartenbaudirektors Werner Gottschalk mit den Aufräumarbeiten und der Wiederanpflanzung des Gartens. Nachdem 1951 die Hauptachse und die Wasserspiele fertiggestellt worden waren, konnten immerhin schon etwa

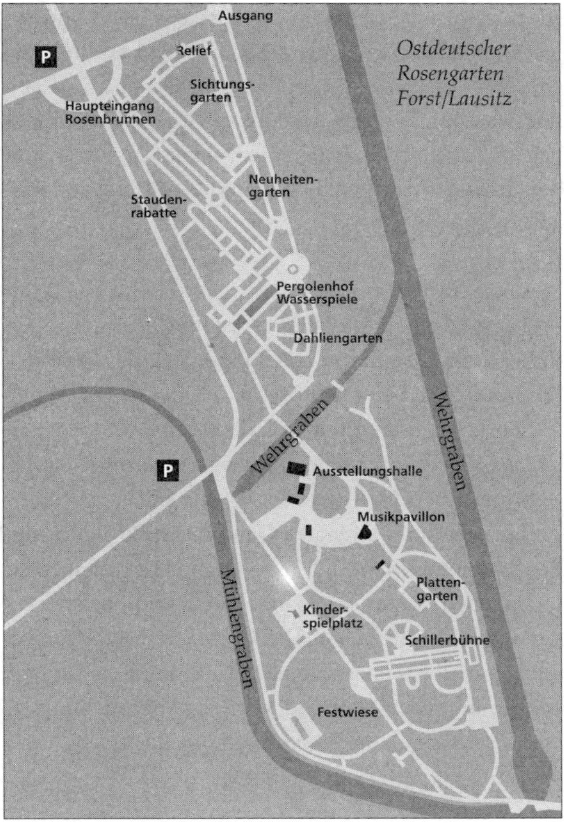

12.000 Rosen und gut 4.000 Dahlien besichtigt werden. Die wiedereingeführte *Rosengartenfestwoche* und die *Schnittrosenschau* entwickelten sich in den Folgejahren zu Publikumsmagneten.

Heute sind auf dem etwa 15 ha großen, an der Grenze zu Polen gelegenen Gelände rund 400.000 Rosen in etwa 500 Sorten, ein *Dahlien-*, ein *Heide-* und ein *Frühlingsgarten* sowie etwa 200 Gehölze zu besichtigen. Daß die Liebe zu Rosen aber nicht nur für Augen und Nase ein Vergnügen sein kann, beweisen schließlich jene originellen, in Forst verbreiteten Rezepte, von denen wir das ausgefallenste an dieser Stelle empfehlen:

Rosenpudding

200 g frische Blütenblätter, 200 g Zwieback, 200g Puderzucker, 12 Eier, 1/4 l Sahne, jeweils eine Prise Zimt und Salz, Semmelbrösel

Die kleingeschnittenen Blütenblätter mit dem in kleine Stücke zerbrochenen Zwieback vermischen. Eigelb und Eiweiß trennen. Das Eigelb mit dem Puderzucker schaumig schlagen. Dann die süße Sahne, die Rosenblüten-Zwieback-Masse, die Prise Zimt und Salz hinzugeben. Unter das Ganze vorsichtig das steifgeschlagene Eiweiß ziehen. Die Masse in eine gebutterte, mit Semmelbröseln bestreute Puddingform geben und 90 Minuten im Wasserbad kochen. Abkühlen lassen und servieren. Guten Appetit.

TIERPARK BERLIN

Am Tierpark 125; 10319 Berlin (Lichtenberg)
030 / 51 53 10
U Tierpark Tram 26, 27, 28 Bus 108, 194, 296
März 9-18 Uhr; April - 6. Oktober 9-19 Uhr, 7. Oktober - Februar 9-17 Uhr DM 10,- (mit Besichtigung des **Schlosses Friedrichsfelde**: DM 10,50)

Der Berliner an sich ist ja bekanntermaßen ein besonderer Tiernarr, was sich nicht allein in millionenfachem Hundebesitz erschöpft. Einer der schönsten Orte, um sich an einheimischer und internationaler Fauna zu erfreuen, ist der Tierpark in Friedrichsfelde. Als Kind der Spaltung, wurde er nach einem Beschluß des Magistrats 1954 vor allem durch Spendenmittel, Lotterien und Vermächtnisse im Park des > SCHLOSS FRIEDRICHSFELDE und dem östlich angrenzenden Gebiet eingerichtet. Verdient gemacht um den Tierpark hat sich vor allem der legendäre Direktor Professor Heinrich

Dathe, der nach der Wiedervereinigung nicht ohne öffentliche Diskussionen abgelöst wurde und kurz darauf unter tragischen Umständen verstarb.

Im Vergleich zum > ZOOLOGISCHEN GARTEN bietet der Tierpark zwar einen geringeren Artenreichtum, kann dafür aber mit einer wesentlich größeren Fläche von 160 ha aufwarten. Dem Besucher präsentiert er sich als großzügige Parklandschaft mit integriertem Zoo. Charakteristisch sind große Freiflächen für Kamele, Lamas, Bisons, Flamingos und andere Geschöpfe, wobei diese Flächen nicht vergittert sind, sondern nur Wassergräben oder Zäune Tier und Mensch trennen.

Vorbei am „Bärenschaufenster" durch den Haupteingang beginnt die Qual der Wahl: Wohin zuerst? Der erste Blick fällt auf die Büffel, die hier in aller Gemütsruhe lagern. Wer sich nach rechts wendet, kann verschiedene Bärenfamilien bewundern. Über die schattigen, baumgesäumten Wege geht es weiter zu einem *Robbenbecken* und dem *Möwenflugkäfig*. Im nordöstlichen Teil des Parks steht das *Alfred-Brehm-Haus* mit den großen Raubkatzen, dahinter eine noch größere *Freiflughalle für Greifvögel*. Übrigens findet man hier Relikte des 1897 eingeweihten *Nationaldenkmals für Kaiser Wilhelm I.*, das einst vor dem Berliner > STADTSCHLOSS stand: zwei riesige bronzene Löwen, die ihre lebenden Artgenossen bewachen.

Auch die putzigen Pinguine trifft man in diesem Teil des Tierparks auf ihrem Felsen an. Weiter geht es zum 1989 eingeweihten *Elefantenhaus*. Ein monolithischer Bau mitten in der Wüste – so erscheint es dem Betrachter zunächst, was daran liegt, daß dieser noch

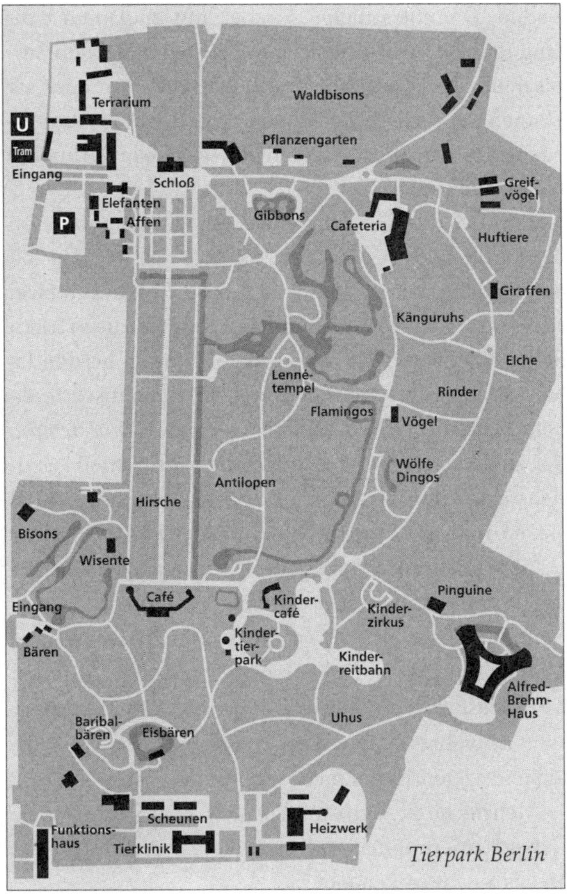

Tierpark Berlin

sehr junge Teil der Anlage eher spärlich begrünt ist. Im Innern ist es hübscher: Neben den Plätzen für die Elefanten, Nashörner und Nilpferde, die sich oft im Freigehege aufhalten, ist hier das Becken der Seekühe zu finden. Die zutrauliche „Sirene“ mit enormem Umfang und Gewicht hält sich am liebsten in flachen, tropischen Gewässern auf und liebt Salat, von dem sie Unmengen vertilgt. Zwei Exemplare der vom Aussterben bedrohten Spezies haben inzwischen in Berlin ihre Heimat gefunden.

Westlich des Elefantenhauses ist das neue Anwesen der Giraffen zu bewundern, die hier viel Auslauf haben. Südlich davon, vorbei an Känguruhs, liegen zwei riesige Areale für Dromedare und Kamele, die in friedlicher Nachbarschaft mit großen Flamingoherden leben. Von dort aus geht es zum sehr romantisch in einem Hain auf einer Anhöhe gelegenen *Lenné-Tempel*, der an den Gestalter des *Schloßparks* von Schloß Friedrichsfelde erinnert. Beim Spazieren in Richtung Schloß erahnt man noch die symmetrischen Strukturen der ursprünglichen Gartenanlage. Pelikane sitzen hier vor malerischer Kulisse. Der Besuch des *Krokodil-Kolobrihaus* links vom Schloß ist gleichfalls zu empfehlen. Man kann aber auch weitere kurzweilige Stunden beim Besuch von Büffeln, Pferden, Ziegen, Affen, Wildschweinen, Guanakos, Hirschen, Luchsen, Wölfen und vielen Tieren mehr verbringen.

Mehrfache Besuche lohnen sich: Hier sind so viele Gehege zu erkunden, daß es bei jedem Ausflug etwas Neues zu entdecken gibt.

ZOOLOGISCHER GARTEN

Hardenbergplatz 8, 10787 Berlin (Charlottenburg)
030 / 25 40 10
S Zoologischer Garten U Zoologischer Garten Bus 100, 109, 145, 146, 149, 245, 249
täglich von 9 Uhr bis zum Anbruch der Dunkelheit, längstens bis 18.30 Uhr; Schließzeiten der Tierhäuser: April - September um 18 Uhr, März und 1. - 15. Oktober um 17.30 Uhr, 16. Oktober - 28. Februar um 16.45 Uhr
Aquarium: täglich 9-18 Uhr, letzter Sa jedes Monats 9-21 Uhr
Zoo: DM 10,- **Aquarium:** DM 9,- **Kombikarte:** DM 15,-

An Pfingsten finden Frühkonzerte beim Zoo-Restaurant statt.

Wie auch der in Friedrichsfelde beheimatete > TIERPARK BERLIN lag der Zoologische Garten bei seiner Eröffnung am 1. August 1844 weit vor den Toren der

Stadt. Eingerichtet wurde er auf Initiative des Afrikaforschers und Zoologen Martin Lichtenstein, der neben dem Wissenschaftler Alexander von Humboldt und dem Gartenarchitekten Peter Joseph Lenné auch den König für seine Pläne gewinnen konnte. Friedrich Wilhelm IV. stimmte zu und schenkte dem Zoo 1841 seine *Menagerie* auf der > PFAUENINSEL – der Grundstock für Deutschlands ersten Tierpark war geschaffen. Die Bevölkerung nahm die Anlage begeistert an und ließ sich auch nicht von der zunächst mühseligen Anreise abschrecken, denn erst 1882 wurde beim Bau der Stadtbahn auch am Zoo eine kleine Haltstelle (heute der Stadt- und Fernbahnhof Zoologischer Garten) eingerichtet. Von Anfang an war der Zoo als eine Aktiengesellschaft organisiert, und noch heute gewährt er seinen Aktionären das ganze Jahr über freien Eintritt.

Die Ausgabe von neuen Aktien ermöglichte auch den Bau der ersten Tierhäuser, so entstanden 1871 das *Große Raubtierhaus*, 1872 das *Antilopenhaus* und im Jahr daraus das *Elefantenhaus*. Alle drei Bauten sind im exotischen Stil errichtet, der an das Heimatland der Tiere erinnern sollte.

In den 30er Jahren dieses Jahrhunderts sorgten die ersten gitterlosen Freianlagen aus Naturgestein (*Robbenbecken*, *Affenfelsen* und *Löwensteppe*) für wahre Besucherströme. Nach einem Bombenangriff 1943 war der Zoo fast völlig zerstört, nur 91 der einst über 4.000 Säugetiere und Vögel überlebten den Krieg. Doch schon im Juli 1945 öffnete er wieder seine Pforten, und für die neu erworbenen Tiere entstanden in den Folgejahren

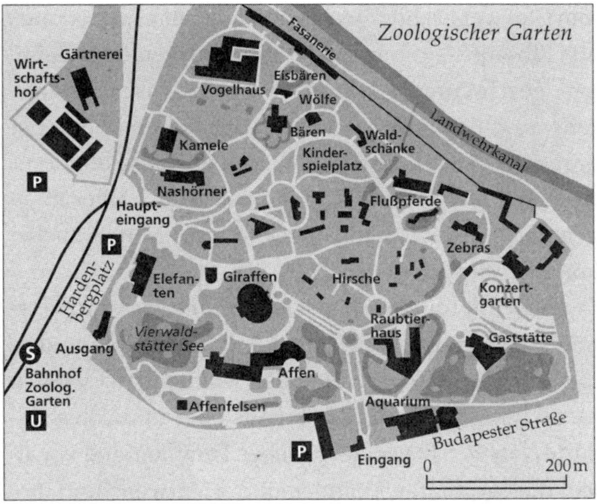

neue Freianlagen und Tierhäuser: 1962 das *Vogelhaus*, 1964 das *Nashornhaus*, 1967-69 die *Bärenanlage*, 1974 das *Raubtierhaus* und das *Nachttierhaus* und 1977 das *Tropenhaus*. In Zusammenhang mit der Diskussion um artgerechte Tierhaltung wurden einzelne Gehege vergrößert und der Zoo 1987 schließlich über den *Landwehrkanal* hinaus erweitert. Hier leben inzwischen in der „Südamerikanischen Pampa", der „Afrikanischen Savanne" und der „Australischen Steppe" verschiedene Tierarten zusammen. Derzeit im Bau sind ein neues *Flußpferdhaus* und eine großzügige Anlage für antarktische Pinguine.

Der Großteil der Besucher betritt den Zoo durch das *Löwentor* am Hardenbergplatz, viel berühmter ist jedoch das *Elefantentor* an der Budapester Straße, das im II. Weltkrieg verbrannte und erst seit 1984 wieder in altem Glanz erstrahlt. Zwei liegende asiatische Elefanten aus Elbsandstein tragen auf ihren Rücken ein mächtiges, geschwungenes Dach mit ostasiatischen Malereien und Schnitzereien. Nicht nur bei Freunden der grauen Dickhäuter ist das Tor ein beliebtes Fotomotiv. Auch die lebendigen Tiere können jedoch über mangelnde Beachtung nicht klagen: Rund 3 Mio. Besucher kommen jährlich in den Zoo.

Nicht nur für die Kleinen ist der *Kinderzoo* mit Ponyreiten, Ziegen und Gänsen *die* Attraktion, während es die Größeren vor allem in das Elefantenhaus, zu den Menschenaffen, ins Raubtierhaus oder in die benachbarte *Löwenfreianlage* zieht. Neben Familien sind vor allem die berühmten „Wilmersdorfer Witwen" und ihre Mitstreiterinnen aus anderen Bezirken im Tierpark anzutreffen. Einige haben hier ihr „Bezugstier", das allsonntäglich besucht wird, stiften für Neuerwerbungen oder hinterlassen gar ihr gesamtes Vermögen dem Zoo.

Auf relativ kleiner Fläche (der Tierpark ist rund fünfmal größer) sind rund 1.400 Säugetiere und etwa 2.400 Vögel im Zoologischen Garten zu bestaunen, über 750 Arten zählt die Statistik, darunter rund 250 Säugetier- und an die 500 Vogelarten. Drei große Gewässer gibt es auf dem Gelände des Zoos. Am *Vierwaldstädter See* leben neben Stockenten, Teichhühnern und Graureihern in den Sommermonaten eine Kolonie Ibisse, die in Ägypten als heilige Tiere verehrt werden. Am *Kormoranteich* sind Enten und Pelikane angesiedelt, während am *Restaurantteich* neben Gänsen und Schwänen auch das Verhalten hungriger Zoobesucher auf der Terrasse studiert werden kann.

Neben Freigehegen und Tierhäusern gleichermaßen gut besucht ist das *Aquarium* neben dem Elefantentor, das der Zoologische Garten 1913 nach Schließung des Brehmschen Aquariums in Berlin-Mitte an der Budapester Straße errichtete. An der Eingangstreppe (Zooseite) erwartet den Besucher die naturgetreue Nachbildung des Iguanodon, eines seit 90 Mio. Jahren ausgestorbenen Riesensauriers. Drinnen sind rund 9.400 Fische, Reptilien, Amphibien und Wirbellose in den drei Bereichen Aquarium, *Terrarium* und *Insektarium* untergebracht. Atemberaubend ist deren Gestaltung und Ausstattung, so kann der Besucher die Krokodile über ein riesiges Bullauge in ihrem Schwimmbecken beobachten oder von einer Brücke aus vermeintlich sicherer Entfernung in die aufgerissenen Mäuler starren.

Berühmtester Zoobewohner ist jedoch der Pandabär, der 1980 als Staatsgeschenk der chinesischen Volksrepublik für Bundeskanzler Helmut Schmidt an die Spree kamen. Ursprünglich waren es zwei Bären, weil aber die Bärin mit dem wundervollen Namen „Berliner Luft" viel zu früh in die ewigen Jagdgründe aufbrach, mußte „Bao Bao" lange Zeit allein sein Dasein fristen. 1995 kam glücklicherweise das Pandamädchen „Yan Yan" als „Zuchtleihgabe" nach Berlin, bärenstarker Nachwuchs war jedoch bei Redaktionsschluß noch nicht in Sicht.

LUSTGÄRTEN, LANDSCHAFTS- UND FREIZEITPARKS

Branitzer Park
Britzer Garten
Erholungspark Marzahn
Freizeitpark Marienfelde
Freundschaftsinsel
Heinrich-von-Kleist-Park
Köllnischer Park
Körnerpark
Lennépark
Lilienthal-Park
Lustgarten
Nelly-Sachs-Park
Park am Griepensee
Park Ruhwald
Pfaueninsel
Preußen Park
Spreeauenpark
Spreepark
Stadtpark Neuruppin
Tempelgarten

BRANITZER PARK

Zum Kavaliershaus 11, 03042 Cottbus 0355 / 75 15 21
Bus 15
Park: April-Oktober, Di-So 10-18 Uhr; November-März, Di-So 9.30-17 Uhr **Fürst Pückler Museum Schloß Branitz:** November-März, Di-So 10-17 Uhr; April-Oktober, Di-So 10-18 Uhr; Pause 12-12.30 Uhr, Mo geschlossen **Park:** Eintritt frei; **Fürst Pückler Museum Schloß Branitz:** DM 3,50

Der südöstlich von Cottbus gelegene und rund 100 ha große Pücklerpark ist eines der wunderlichsten Meisterwerke deutscher Landschaftsgartenkunst. Er war die erste und letzte Lebensstation des so legendären wie exzentrischen Gartenkünstlers, Weltreisenden und Lebemanns Hermann Fürst von Pückler-Muskau. Ein preußischer Dandy mit berüchtigten Affären, Duellen und Bergen von Schulden. Sein Lebenstraum war der weiträumige englische Landschaftspark als Sinnbild für die prägende geistige Strömung des Liberalismus. Nachdem der Fürst in jahrzehntelanger Arbeit und unter ständigen Geldsorgen in Muskau einen der schönsten Landschaftsparks des Kontinents gestaltet hatte, brachte er von einer seiner Reisen die Sklavin Machbuba mit. Das dunkelhäutige „geniale Naturkind", wie Pückler-Muskau sie nannte, erkrankte jedoch bald und starb. Den Fürsten hielt nun nichts mehr in Muskau, wo ihn die Erinnerung quälte. Er verkaufte das Anwesen und verlegte 1846 seinen Wohnsitz nach Branitz, den Stammsitz der Familie.

Hier ließ er das alte Herrenhaus umbauen und gestaltete seinen zweiten Landschaftspark. Er belebte das Gelände durch mit der *Spree* verbundene Teiche und ließ Erdreich zu Hügeln aufschütten. Pückler-Muskau selbst erlebte die Fertigstellung seines Parks nicht, er wurde erst 1888 vollendet, siebzehn Jahre nach dem Tod des Fürsten.

Es empfiehlt sich, den Rundgang an der *Parkschmiede* zu beginnen, die den Haupteingang zum Schloßpark Branitz bildet und nach ihrer Rekonstruktion 1982-86 als Museum dient. Sie entstand 1849/51 zusammen mit *Kavaliershaus* und Marstall im Tudorstil und wird Ludwig Persius zugeschrieben, während die beiden anderen Gebäude nach Plänen von Gottfried Semper entstanden. Der Erbauer der weltberühmten Dresdener Oper regte Pückler-Muskau auch dazu an, das barocke *Schloß Branitz* aus dem Jahre 1772 im Stil der italienischen Renaissance umzugestalten. Als schönster Raum gilt die inzwischen rekonstruierte Bibliothek. Über Leben und Werk des Fürsten informieren

Ausstellungen des in Schloß und Marstall untergebrachten *Fürst Pückler Museum.*

Vom Schloß aus geht es über die 1995 rekonstruierte Weiße Brücke auf eine Entdeckungsreise in den *Schloßpark.* Ein systematischer Rundgang durch diesen wunderbaren Park ist weder dem Garten noch dem Andenken des sprunghaften Fürsten angemessen. Deshalb empfehlen wir, sich auf dem verschlungenen Wegenetz treiben zu lassen, die herrlichen, mitunter unverhofften Ein- und Durchsichten zu genießen. Nicht versäumen sollten Sie allerdings die beachtlichen *Pyramiden* im Westteil des Parks: *Hermannsberg, Landpyramide* und *Seepyramide,* auch *Tumulus (Grabhügel)* genannt. Letzteren schuf der Fürst 1856/57 nach dem Tod seiner Frau Lucie als Grabstätte der Familie, und hier – inmitten des Parks – wurde auch er am 4. Februar 1871 beigesetzt.

Fürst Pückler-Muskau ist aber nicht nur als Gartenkünstler und Lebemann in den Annalen verewigt, ungebrochener Popularität erfreut sich nach wie vor eine seinen Namen tragende Eismischung. Da sie den meisten nur in der ordinären Form handelsüblicher Familienpackungen bekannt sein dürfte, sei hier das Originalrezept wiedergegeben:

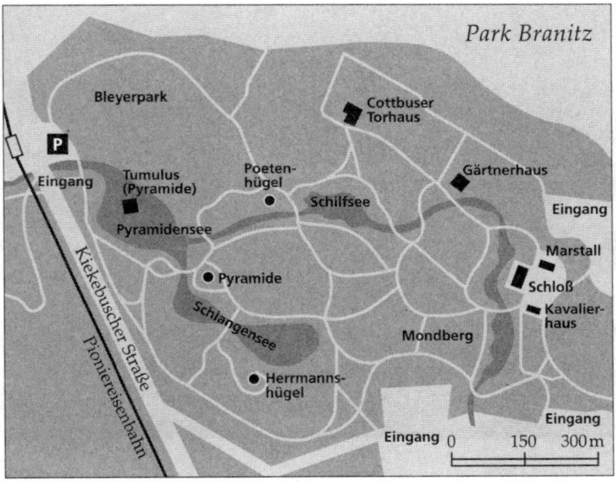

Fürst Pückler-Eis

1/2 l sehr steif geschlagene Schlagsahne mit 2 gehäuften Eßlöffeln feinem Zucker mischen und die Masse in drei gleiche Teile teilen. Den ersten Teil mit 1 Gläschen Maraschino oder Kirschwasser vermischen, den zweiten mit 1/3 Tasse Erdbeeren rot färben (notfalls mit einigen Tropfen Koschenille nachhelfen), den dritten mit 2 Eßlöffeln in wenig Wasser aufgelöster Schokolade versetzen. 100 g Makronen in kleine Stücke hacken, mit Maraschino oder Kirschwasser durchziehen lassen, unter alle drei Sorten verteilen. In eine Eiskegelform zuerst die rote, dann die weiße, dann die braune Schicht streichen, diese oben mit einem weißen Blatt Papier abdecken und den Deckel fest anpressen. Die Form in einem Gemisch aus Eis und Viehsalz 2-3 Stunden abgedeckt stehen lassen, dann in lauwarmes Wasser tauchen, schnell abtrocknen, öffnen und stürzen.

BRITZER GARTEN

→ zwischen Buckower Damm, Quarzweg und Mohriner Allee; 12349 Berlin (Neukölln) ☎ 030 / 704 12 64

U Parchimer Allee, Johannisthaler Chaussee, Alt-Mariendorf

Bus 144, 172, 179, 181, X 11

täglich 9 Uhr - 1 Stunde vor Sonnenuntergang (Der Park hat 6 Eingänge: Buckower Damm, Tauernallee, Mohriner Allee, Massiner Weg, Blütenachse, Sangerhauser Weg)

DM 2,50

Der knapp 100 ha große Britzer Garten ist der wohl ungewöhnlichste Park in Berlin. Als Lustgarten und Landschaftspark mit reichhaltigem Freizeitangebot entstand er anläßlich der *Bundesgartenschau* 1985 nach einem Konzept des Stuttgarter Landschaftsarchitekten Wolfgang Miller.

Von der Mohriner Allee aus gelangt der Besucher über Obstwiesen zum Ufer des 10 ha großen Sees, dessen Aushub zur Gestaltung der umliegenden Hügellandschaft verwendet wurde. Hier fällt als erstes die aufwendige Konstruktion des Cafés am See ins Auge, das wie eine Kreuzung aus Sydneys Opernhaus und einer Tropfsteinhöhle wirkt. In der Nähe tummeln sich Schwäne und Bleßhühner auf dem zweiten, kleineren Gewässer, dem mit Schilf bewachsenen und von Trauerweiden umgebenen *Irissee*.

Südwestlich der Seen steht der *Wildspitz*, ein 56 m hoher Hügel, von dem aus sich der die Seen speisende „Wildbach" hinunterstürzt. Am Bergfuß befindet sich eine großzügige Spiellandschaft: der sogenannte Weltplatz mit Klettergerüsten, einer *Pyramide* und Planschmöglichkeit. Von hier aus sei der Weg Richtung *Rosengarten* empfohlen, in dem sich an sonnigen Tagen zwischen Kieswegen die farbenprächtige Welt der Kletter-, Busch- und Beetrosen entfaltet. Umgeben von Eibenhecken stehen in Lauben Bänke im englischen Landhausstil, die zu einem Blick auf die skurrilen Brunnen im Zentrum des Rosengartens einladen. Östlich davon liegt der reizvolle, nach dem Potsdamer Schriftsteller und Gärtner benannte *Karl-Foerster-Staudengarten* mit Pavillon – ein Refugium für die Freunde der Schnittkunst. Wer nun seinen Weg in südliche Richtung fortsetzt, gelangt zu einer Wiesenlandschaft mit Bach und bald darauf zu einem *Heidegarten*, einem Feuchtbiotop und einem beachtlichen *Rhododendronhain*.

Der Weg vom Staudengarten in Richtung See führt dagegen über die eigenwillig gestaltete *Rhizomatische*

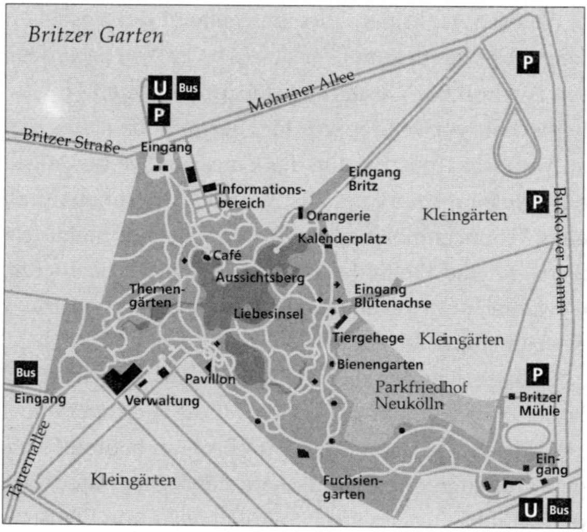

Brücke. Am anderen Ufer locken links ein Sandstrand mit Planschbereich (Schwimmen verboten!) und die *Liebesinsel* samt Steinhaus mit „Seelenloch". Rechter Hand liegt die 60 m hohe *Britzer Höhe* mit ihrem „Steilhang" – im Herbst ein Eldorado für die „Testflüge" der Drachenkonstrukteure, im Winter eine respektable *Rodelbahn.*

Im nordöstlichen Teil des Parks zieht der *Kalenderplatz* die Besucher an. Ihn dominiert eine gigantische Sonnenuhr (Durchmesser 99 m), die von 3 m hohen, bizarren, dreieckigen Stundenrippen umgeben ist. Im Norden, zwischen 10 und 14 Uhr, ist das Orangerie-Café eingebettet. Der nahegelegene Aussichtsberg reizt mit einer Burgruine von anno 1984. Von hier aus lohnt ein Abstecher in den sogenannten *Hexengarten,* der Heilkräuter und Pflanzen beherbergt, die schon im Mittelalter gebräuchlich waren. In Richtung Café am See schlängelt sich der *Weinlehrpfad* mit vielen verschiedenen Rebsorten und Informationen zu deutschen Weinbaugebieten.

Fazit: Der Britzer Garten ist zweifelsohne eine Attraktion. Wer sich jedoch nicht einen ganzen Tag Zeit für einen Parkbesuch nehmen möchte oder noch die nahegelegene *Britzer Mühle* – für Experten: ein zwölfeckiger Galerieholländer mit Jalousienflügeln – auf dem Programm hat, dem empfehlen wir die Erkundung per Bahn. Nicht nur Kindern und Eisenbahnfetischisten schlägt das Herz höher, wenn die Britzer Museumsbahn loszuckelt – wer kann da noch widerstehen?

ERHOLUNGSPARK MARZAHN

→ zwischen Blumberger Damm, Eisenacher Straße und der Altentreptower Straße; 12683 Berlin (Marzahn)
U Cottbusser Platz Tram 6, 18 Bus 190, 191, 195, 197, 291

Der etwa 20 ha große Erholungspark Marzahn ist Teil des 500 ha großen *Landschaftsparks Wuhletal* zwischen den beiden Plattenbauvierteln Marzahn und Hellersdorf. Im Norden geht der Grüngürtel an der *Wuhle* in die *Ahrensfelder Berge* über, im Süden ist er nur durch die S-Bahntrasse von der *Biesdorfer Höhe* getrennt. Für einen ausgedehnten Sonntagsspaziergang bietet das Gelände folglich Zwei- und Vierbeinern reichlich Raum.

Wie auch der > BRITZER GARTEN im Bezirk Neukölln ist der Marzahner Erholungspark ein ehemaliges

Gartenschaugelände. Unter dem Namen *Berliner Gartenschau* entstanden hier anläßlich der 750-Jahr-Feier Berlins 1987 rund um den ca. 100 m hohen *Kienberg* – ein begrünter Schuttberg – mehrere Musterklein- und Blumengärten sowie ein *Rosenhang* und ein *Staudengarten*, der dem Staudenzüchter Karl Foerster gewidmet ist. Besonders originell ist der *Sprudel- und Quellgarten* mit zahlreichen unterschiedlichen Brunnen. Als im September 1991 die Britzer Garten GmbH, Betreiberin des gleichnamigen Gartens in Neukölln, das Gelände übernahm, wurde die Gartenschau zum Erholungspark Marzahn. Dem neuen Namen entsprechend, wird das Gelände seitdem zum Freizeit- und Erholungspark ausgebaut und lockt insbesondere Kinder und Jugendliche aus der unmittelbaren Umgebung mit Spielplätzen, einem Streichelzoo, einem Märchengarten und einem Kindertheater.

FREIZEITPARK MARIENFELDE

➔ östlich des Diedersdorfer Weg, 12277 Berlin (Tempelhof)
S Buckower Chaussee Bus 111, 172, 177, 187, 277

Der Freizeitpark Marienfelde liegt auf einer ehemaligen Deponie am südlichen Stadtrand Berlins im Bezirk Tempelhof. Von 1950-83 wurden hier 9,4 Mio. m^3 Müll aufgeschüttet. Nach Beginn der Renaturierung im Jahr 1977 erfolgte 1980 die erste Teileröffnung der 38 ha großen Anlage, die sich nach wie vor im Aufbau befindet. Vegetation und vielfältige Kleintierwelt sind bisher weitgehend natürlichen Ursprungs. Der Baumwuchs wird allerdings durch ausströmendes Deponiegas behindert, das teilweise erfaßt und von einem benachbarten Gewerbebetrieb als Heizölersatz genutzt wird. Zur Erhöhung des Freizeitwerts legte man eine *Rodelbahn* an und führte eine Reihe landschaftsgestalterischer Maßnahmen durch. Mehrere Teiche sowie ein abwechslungsreiches Gelände mit vielen Hügeln und Tälern machen den Park zum beliebten Ausflugsort, der vor allem von den Drachen- und Flugzeugmodellbauern für Testflüge genutzt wird. Von den Schüttungsterrassen (höchste Erhebung 26 m über Geländeniveau) hat man einen weiten Blick über den Süden Berlins, hinein in die angrenzenden Gebiete.

Ähnliche Parks gibt es noch in Tegel und Lübars. Der *Freizeitpark Lübars* im Bezirk Reinickendorf beispielsweise entstand durch Begrünung einer nordöstlich des *Märkischen Viertels* gelegenen, 1957-82 genutzten Mülldeponie. Die 1975 begonnene Gestaltung der sehr einfach gehaltenen und rund 61 ha großen Anlage ist ebenfalls noch nicht abgeschlossen. Dicht bepflanzt ist inzwischen der steile Südhang, am flacheren Nordhang erstrecken sich Spiel- und Liegewiesen sowie eine künstliche *Ski-* und *Rodelbahn*. Von der Spitze der 35 m hohen Erhebung blickt man auf das nördlich gelegene *Tegeler Fließ* sowie die Felder und Neubauten bei Blankenfelde und Rosenthal. Am Fuß des Berges liegt ein *Kinderbauernhof*.

FREUNDSCHAFTSINSEL

14467 Potsdam, Lange Brücke
S Potsdam Stadt Tram 91, 92, 93, 96, 98 Bus 602, 607, 608, 611, 631, 643, 650, 692, 694, 697

Freundschaftsinsel – läßt sich ein schönerer Name vorstellen für eine Parklandschaft, eingerahmt von den mit unzähligen Enten und Bleßhühnern bevölkerten Havelarmen „Alter Fahrt" und „Neuer Fahrt"? Der Name ist allerdings nicht sozialistischen Ursprungs, wie viele vermuten werden, sondern geht vielmehr auf eine Gaststätte aus dem 19. Jahrhundert zurück.

Als Park angelegt wurde die Insel in den 30er Jahren von Hans Mattern und Hermann Göritz. Sie gestalteten hier einen Schaugarten mit 2.200 Arten von Stauden und Sommerblumen sowie 270 Rosenarten und Zierhölzern und schufen damit einen neuen deutschen Gartentyp. Im II. Weltkrieg stark in Mitleidenschaft gezogen, wurde die Anlage auf Anregung des bekannten Potsdamer Gärtners Karl Foerster in Anlehnung an das alte Konzept neu gestaltet.

Anläßlich der X. Weltfestspiele der Jugend in Berlin 1973 wurde die Insel in der *Havel* erneut überformt, wobei von der Idee Foersters nicht mehr allzuviel übrigblieb. Die Freie Deutsche Jugend Potsdam, Komsomolzen der Potsdamer Garnison der Sowjetarmee und Werktätige aus 70 Betrieben der Stadt gestalteten den Park um zur Erholungsstätte mit Gondelhafen, Minigolfanlage, *Freilichtbühne,* Café, Ausstellungspavillon und anderem mehr. Heute präsentiert sich die Freundschaftsinsel als Mischung aus reizend gestalteten Gärten und einigen Flachbauten, darunter der Ausstellungspavillon, eine Disco und mehrere vom Gartenbauamt Potsdam genutzte Gebäude. Ein Spielplatz befindet sich nahe der Brücke zur Burgstraße.

Sehr schön sind die im Zentrum der Insel gelegenen, von gepflasterten Wegen gesäumten Parzellen mit zahlreichen Pflanzen wie Nadelgewächsen, Gräsern, Sumpfpflanzen, verschiedensten Stauden und Liliengewächsen. Teile der gestalteten Gartenlandschaft sind umgeben von steinernen Wasserbecken mit geradezu japanisch anmutendem Zauber, flankiert von berankten Pergolen. Zur Langen Brücke hin öffnen sich weite Rasenflächen, darin ein winziges Häuschen mit einer von einem vergoldeten Schwan gekrönten Wetterfahne. Überall im Park schlendert man an Skulpturen vorbei: Tierbildnisse von Pelikanen oder das Pony beim Spielplatz sowie die an sich wiegende Gräser erinnernde und Karl Foerster gewidmete metallene Skulptur. Auf ihr findet sich das schöne Zitat des berühmten Potsdamer Ehrenbürgers: „Wer Träume verwirklichen will / muß wach sein / und tiefer träumen als andere."

HEINRICH-VON-KLEIST-PARK

➔ zwischen Potsdamer Straße, Grunewaldstraße, Elßholzstraße und Pallasstraße; 10782 Berlin (Schöneberg)
S Großgörschenstraße, Yorckstraße U Kleistpark Bus 148, 187, 348
An der Grunewaldstraße befindet sich im Gebäude des ehemaligen Botanischen Museums das **Haus am Kleistpark**, Grunewaldstraße 6-7, 10823 Berlin (Schöneberg), mit dem **Schöneberg Museum**: ✆ 030 / 787 60 und der **Musikschule:** ✆ 030 / 78 76 30 35

Der Heinrich-von-Kleist-Park wirkt heute eher wie der Vorgarten des dort ansässigen Kammergerichts denn ein eigenständiger Park. Den Zugang von der Potsdamer Straße flankieren die 1911 hier aufgestellten *Königskolonnaden,* die Carl von Gontard 1777-80 für die damalige Königstraße (heute Rathausstraße) geschaffen hatte. 1910 mußten die imposanten Säulenreihen der Stadtbahn weichen und fanden ihre neue Funktion als Eingangsanlage des Heinrich-von-Kleist-Parks.

Vorbei an den von der Zeit gezeichneten Säulen betritt der Besucher den eher unauffälligen Park, dessen zahlreiche verschiedene Baumarten jedoch seine bedeutende Vergangenheit erahnen lassen. Aus dem 1506 auf dem Gelände angelegten *kurfürstlichen Küchengarten* entwickelte sich ab 1679 nach und nach der > BOTANISCHE GARTEN, der um die Jahrhundertwende aus Platzgründen nach Steglitz verlagert wurde. Stadtgartendirektor Albert Brodersen ließ die Anlage am Kleistpark nach dieser Verlegung neu gestalten; anläßlich des 100. Todestages von Kleist bekam der Park 1911 seine heutige Bezeichnung.

Das neobarocke Gebäude an der Westseite des Kleistparks (Elßholzstraße) entstand 1909-13 für das *Preußische Kammergericht* und hat eine äußerst aufregende Geschichte hinter sich. Ab 1935 residierte hier der *Volksgerichtshof* unter dem „Juristen" und Kriegsverbrecher Roland Freisler, der bis Ende 1944 mehr als 5.000 Todesurteile fällte, darunter diejenigen über die Mitglieder der Münchner Widerstandsgruppe „Weiße Rose" und über die Verschwörer des 20. Juli 1944. Am 18. Oktober 1945 tagte hier erstmals der „Interalliierte Militärgerichtshof", der nach seiner konstituierenden Sitzung fortan in Nürnberg amtierte. Danach diente der Bau bis 1990 als Sitz des *Alliierten Kontrollrats* und der Luftsicherheitszentrale; seit dem 27. März 1992 ist das neu gegründete *Berliner Landesverfassungsgericht* hier untergebracht.

KÖLLNISCHER PARK

➔ hinter dem Märkischen Museum; 10179 Berlin (Mitte)
Ⓢ Jannowitzbrücke Ⓤ Märkisches Museum Bus 147, 240, 247, 265

Der etwa 2 ha große Köllnische Park, der das 1899-1908 errichtete *Märkische Museum* umgibt, ist ein vergleichsweise kleiner, übersichtlicher, dafür um so stimmungsvoller Stadtpark, der eher den Charakter eines malerischen, begrünten Platzes hat. Ursprünglich stand hier die Bastion VI der 1658-83 unter Kurfürst Friedrich Wilhelm angelegten „Memhardtschen Stadtbefestigung". Von ihr zeugt heute nur noch ein runder Backsteinturm aus dem Jahr 1718, mit der schönen Bezeichnung *Wusterhausischer Bär*. Hinter dem Turm, der vom Eingang Am Köllnischen Park/Rungestraße aus sofort zu sehen ist, befindet sich ein kleiner Spielplatz, dessen Angebot über das der Standardspielplätze deutlich hinausgeht und der dementsprechend frequentiert wird.

Hauptattraktion ist jedoch der 1928 an der Rungestraße erbaute *Bärenzwinger*, in den damals zwei von der schweizerischen Hauptstadt Bern gestiftete Braunbären einzogen. Noch heute leben hier Bären – Schnute, Maxi und Tito. Der Zwinger und seine Insassen sorgten immer wieder für Schlagzeilen, zuletzt 1994, als die Bären im Januar Nachwuchs bekamen und man erst nach bis zu 20 Minuten Wartezeit eine Chance hatte, ganz nach vorn am Gitter zu stehen. Wie immer nahmen die Berliner lebhaften Anteil am Schicksal ihrer Bären. Da der Zwinger selbst zu klein für sämtliche Nachkommen war und kein Zoo gefunden werden konnte, der sie aufnehmen wollte, drohte großes Unheil. Wer aber würde es wagen, in Berlin öffentlich auch nur zu flüstern, einem Tier, einem Bären dazu, etwas anzutun, es gar einzuschläfern?! Schließlich zeigte der Zoo in Buenos Aires Interesse an den kleinen „Petzen", die mittlerweile per Flugzeug nach Südamerika übergesiedelt und dem Vernehmen nach schon heimisch geworden sind. Der Rest der Familie blieb in Berlin, und am Zwinger werden ihnen zu Ehren – und dem Hersteller zum Wohle – kleine braune Plüschbären verkauft. Unbegreiflich, daß das in der Verwaltungswarteschleife vor sich hindümpelnde Märkische Museum so wenig aus dieser attraktiven Nachbarschaft zu machen versteht.

Immerhin wird dem Besucher an der Rückfront des altehrwürdigen Backsteinbaus einiges geboten. An einem Weg östlich des Zwingers befindet sich ein Lapidarium mit einer Reihe von Vasen, Puttenfiguren, dem Sockel einer Windmühle, einem Terrakottabrunnen und einer Sandsteinplastik. Letztere trägt den eindrucksvollen Titel „Herkules, den Nemeischen Löwen bezwingend" und wurde 1787 von Johann Gottfried Schadow entworfen. Besonders schön: eine halbmondförmige, der westlichen, efeubewachsenen Mauer des Märkischen Museums vorgelagerte Trasse. Hier kann man herrlich auf Bänken ausruhen und die Skulpturen auf sich wirken lassen.

KÖRNERPARK

→ zwischen Jonasstraße, Wittmannsdorfer Straße und Schierker Straße; 12051 Berlin (Neukölln)
S Neukölln U Leinestraße, Neukölln Bus 141,144,177,277

Galerie im Körnerpark: Di-So 12-18 Uhr
030 / 68 09 37 88

Der nur 2 ha große, neobarocke Architekturpark westlich der Karl-Marx-Straße zählt zu den Schmuckstücken Berlins. Wer sich der ungewöhnlichen Anlage von der Ilsestraße her nähert, kommt über eine breite Treppenanlage zur *Orangerie,* in der heute die *Galerie im Körnerpark* und ein Café untergebracht sind. Weitere Treppen führen hinab zum eigentlichen Park, der 5-7 m unter dem Straßenniveau liegt und von hohen Stützmauern mit Blendarkaden umgeben ist. Eine von schmalen Kanälen begrenzte und mit Platanenalleen gefaßte Rasenfläche bildet dessen Zentrum; an der nördlichen Arkadenwand (zur Jonasstraße hin) findet sich ein *Blumengarten*. Hauptattraktion aber ist die prächtige *Kaskade* im Osten. Aus neun Fontänen rauscht hier das Wasser in stufenförmig angeordnete Becken; das runde Hauptbecken ist im Sommer ein beliebter Badeplatz für die Kleinen.

Die historische Parkanlage entstand 1912-16 nach Plänen von Hans Richard Kullenberg auf einem Kiesgrubengelände. Der Besitzer Franz Körner schenkte der Stadt das Areal mit einer einzigen Auflage: Der neue Park sollte nach ihm benannt werden. Das damals noch selbständige Neukölln wollte mit der Anlage „dem ... umgebenden Stadtviertel ein besonders schmuckvolles Gepräge geben und zur Durchführung einer hervorragend schönen Umbauung und zur Schaffung einer besonders bevorzugten Wohngegend anspornen."

LENNÉPARK

zwischen Heilbronner Straße, Berliner und Karl-Marx-Straße; 15230 Frankfurt/Oder
Tram alle Linien

Der Lennépark ist aus einer alten Wallanlage entstanden. Als die mittelalterlichen Befestigungsanlagen im 19. Jahrhundert ihre Bedeutung verloren, wurden die neuen Brachen fast überall mit Häusern bebaut. In einigen wenigen Fällen, etwa in Rostock, Ulm, Frankfurt/Main und eben auch in Frankfurt/Oder, entstanden an ihrer Stelle Parks. Dies ging nicht ohne Auseinandersetzungen ab. Noch 1828 forderte der preußische Kriegsminister die Erhaltung der Wälle, aber das erstarkende Bürgertum setzte sich durch. Man bat Peter Joseph Lenné um seine Mitwirkung, der sagte zu, nicht ohne lebhaft zu bedauern, daß man bereits ohne seinen Rat begonnen habe. Dennoch fertigte der Meister neue Pläne, nach denen der Park bis 1844 fertiggestellt wurde.
Heute kennzeichnen den Lennépark ein reicher Bestand an alten Bäumen und malerische Wasserläufe. Durch die geschickte Gestaltung wirkt die vergleichsweise schmale Anlage sehr viel weitläufiger, als sie in Wirklichkeit ist. So kann heute noch gelten, was ein Stadtführer im Jahr 1866 druckte: „Die an der Westseite ... gelegenen Anlagen zwingen jedem Besucher Ausrufe des Erstaunens und der Bewunderung ab. Natur und Kunst haben hier in schönem Verein einen herrlichen Aufenthalt geschaffen."

LILIENTHAL-PARK

➔ zwischen Scheelestraße und Schütte-Lanz-Straße; 12209 Berlin (Steglitz)
S Lichterfelde Ost Bus 180, 280

Der im Süden des Berliner Ortsteils Lichterfelde gelegene Lilienthalpark bietet ein trauriges Bild. Kernstück des 1933 eingeweihten Parks ist der einst 15 m hohe *Fliegeberg*, den Otto Lilienthal 1892 für seine Flugversuche hatte aufschütten lassen. Was erwartet den Besucher hier, an der Wiege der Luftfahrt? Ein großes Rechteckbassin und der heute auf 11 m abgeflachte und dreifach terrassierte Hügel, auf dessen Spitze sich ein über und über mit Graffitti beschmiertes (bei allem Respekt – aber in diesem Fall trifft das Wort zu) Denkmal befindet. Dieses besteht aus einem 2,5 m hohen Ringdach, unter dem eine bronzene Weltkugel von Alfred Trenkel steht und auf der die wichtigsten Daten der Fluggeschichte vermerkt sind. Was sonst? Ein Museum? Ein Informationszentrum? Wenigstens einige Schautafeln? Fehlanzeige auf der ganzen Linie.

An dieser Stelle, wo die ersten Flüge der Menschheit geprobt und immerhin Weiten von bis zu 100 m erzielt wurden, ist nichts als ein öder Park. Ein Armutszeugnis für Berlin, das beispielsweise im *Museum für Verkehr und Technik* doch über beachtliche Exponate verfügt. Selbst Anfang 1996, das Jahr, in dem sich der Todestag des Flugpioniers zum 100. Mal jährt, ist kein Hinweis auf Besserung zu erkennen. Wie man „seine Helden" angemessen ehrt, ist jenseits des Atlantiks zu lernen: In den Sanddünen von Kitty Hawk auf den Outerbanks vor North Carolina führten die Brüder Wright 1903 den ersten Motorflug der Welt durch – ohne Lilienthal kaum denkbar. Vier Steinpflöcke im Boden markieren: Abflug, 1. Landung, 2. Landung, 3. Landung. Vielmehr ist an Originalen nicht zu sehen. Was aber macht Amerika daraus? Einen weitläufigen Park mit einem meilenweit zu sehenden Denkmal sowie einem kleinen Informationszentrum mit einer so liebevoll wie geschickt gemachten Ausstellung (übrigens mit bewundernder Würdigung Lilienthals). Einige hunderttausend Besucher im Jahr sprechen für sich.

Sicher, das deutsche Publikum ist anders, und man kann und muß Amerika nicht kopieren. Vielleicht aber wäre eine Dienstreise für einen Berliner Museumsexperten – besser noch: eine Privatinitiative engagierter Bürger – doch eine sinnvolle Investition, um zu lernen, wie mit vergleichsweise bescheidenem Aufwand aus einem großen Thema eine Sache werden kann, die viele Menschen begeistert.

LUSTGARTEN

➔ zwischen der Straße Unter den Linden, Kupfergraben, Altem Museum und Berliner Dom; 10178 Berlin (Mitte)
S Hackescher Markt Bus 100, 157, 348

Es gibt wohl keinen Platz im ganzen Land, der seinem Namen weniger entspricht als der zentrale Platz der deutschen Hauptstadt: Lustgarten – ein Hohn. Denn die tote, gepflasterte Brache in Berlins Mitte läßt einen an alles mögliche denken, an einen animierenden Garten, der zum Lustwandeln einlädt, jedoch zu allerletzt.

Und dennoch hat der zugige, im Herbst und Winter meist unangenehm frostige Platz etwas, das den Betrachter irritiert und innehalten läßt. Vielleicht ist es jene alte Idee der Aufklärung, die der Platz ausstrahlt und die sich in geheimnisvoller Weise auf den Spaziergänger überträgt. Die Gebäude, die den Platz umgeben (oder sich dort befunden haben), stehen nicht zufällig an diesem Ort. Hier, am zentralen Platz der preußischen Hauptstadt, waren einst die die Gesellschaft tragenden Institutionen angesiedelt. Das > STADTSCHLOSS verkörperte die Monarchie, der *Dom* die Kirche und das *Zeughaus* das Militär. Das Verdienst der Aufklärung, insbesondere Schinkels, war es, hier die Wissenschaft und Kunst als staatstragende Kräfte zu etablieren. Die Wahl des Bauplatzes für das *Alte Museum* war deshalb weniger eine städteplanerische, sondern vor allem eine inhaltlich-politische Entscheidung. Insofern ist es wiederum kein Zufall, daß die DDR das Stadtschloß abreißen und ihren Palast der Republik (die Überwindung der Monarchie verkörpernd) sowie das Außenministerium (in gewisser Hinsicht Nachfolger des Militärs) an diesem Platz errichten ließ. Die Bundesrepublik hingegen weiß einstweilen noch nichts mit diesem Platz anzufangen. Der Versuch, den Lustgarten durch ein Kunstwerk abzuriegeln (von „schützen“ sprach die Jury) ist glücklicherweise gescheitert.

Einst war der Garten ein Schmuckstück Berlins. Angelegt als *Küchengarten* Ende des 16. Jahrhunderts, verwilderte er im Dreißigjährigen Krieg. Erst 1646 wurde hier auf Initiative von Kurfürst Friedrich Wilhelm der erste Lustgarten angelegt, der seinem Namen alle Ehre machte. Eine kleine *Orangerie* wurde errichtet sowie ein *Blumen-* und ein *Gewürzgarten* angelegt, in dem man die ersten Berliner Kartoffeln pflanzte.

Geschmückt mit weiteren Attraktionen wie Korallengrotten, Volieren und vielen Statuen avancierte der Lustgarten Anfang des 18. Jahrhunderts zum beliebten

Treffpunkt der Berliner. Der „Soldatenkönig" Wilhelm I. hingegen zeigte wenig Interesse, ließ den Garten verfallen und nutzte das Areal für Paraden. Erst 1790 wurde die Mitte Berlins neu bepflanzt, und vierzig Jahre später gestaltete Peter Joseph Lenné 1831/32 das Gelände zum imposanten Stadtplatz.

Zu diesem Zeitpunkt stellte man auch die außergewöhnliche *Granitschale* im Lustgarten auf. Sie galt als „Weltwunder der Biedermeier-Zeit" und war in der ersten Hälfte des 19. Jahrhunderts eine der Hauptsehenswürdigkeiten Berlins. Der rund 750 t schwere Granitfindling stammte aus den *Rauenschen Bergen* in der Gegend von Fürstenwalde. Im Herbst 1828 vor Ort roh ausgemeißelt, wurde das Kunstwerk von immerhin noch 70 t auf einem eigens für diesen Transport gebauten Kahn auf der *Spree* nach Berlin gebracht, wo es in Absprache mit Karl Friedrich Schinkel in der Rotunde des zur gleichen Zeit von ihm erbauten Alten Museums aufgestellt werden sollte. Da der Durchmesser der Schale aber größer als erwartet war (7 statt 5m), hätte sie die architektonische Wirkung der Rotunde zerstört – man entschied sich daher für ihren heutigen Platz vor der Freitreppe des Museums.

In der Weimarer Republik war der Lustgarten einer der wichtigsten Orte für Großdemonstrationen. Hunderttausende, manchmal Millionen drängten sich hier bei den großen Friedenskundgebungen. Die Nationalsozialisten pflasterten den Platz mit großen Platten und nutzten ihn für ihre Aufmärsche. Zu diesem Zweck entfernten sie auch die Granitschale, die erst seit 1980 wieder an ihrem angestammten Platz zu besichtigen ist. Zu DDR-Zeiten wurde der Lustgarten im Verbund mit dem Platz vor dem Staatsratsgebäude offiziell in Marx-Engels-Platz umbenannt und ebenfalls für Paraden genutzt.

Es dürfte wohl keinen Platz in Deutschland geben, der binnen eines Jahrhunderts so viele unterschiedliche Bestimmungen erfahren hat wie der Lustgarten. Was aus ihm werden wird, ist ungewiß. Ihn angemessen zu gestalten ist angesichts seiner Vergangenheit eine Aufgabe, die nicht allein den Städteplanern und Gärtnern überlassen bleiben kann. Einen politischen Platz politisch zu denken – diese Herausforderung ist einstweilen noch nicht überzeugend angenommen worden.

NELLY-SACHS-PARK

zwischen Bülowstraße, Kurfürstenstraße und Dennewitzstraße; 10783 Berlin (Schöneberg)
S Großgörschenstraße, Yorckstraße U Bülowstraße, Kurfürstenstraße, Yorckstraße Bus 119, 148, 219, 348

Der Nelly-Sachs-Park ist einer der jüngsten und kleinsten Berliner Parks. 1981 auf einem früheren Trümmergelände angelegt, benannte man ihn anläßlich ihres 100. Geburtstags nach der 1891 in Berlin geborenen jüdischen Dichterin Nelly Sachs. Ein Granitfindling an der Dennewitzstraße trägt eine Bronzetafel mit Erläuterungen zum Leben der Nobelpreisträgerin. Da der von Hochbahn, Gleisdreieck-Areal und Wohnhäusern eingerahmte Park ziemlich versteckt liegt, nutzen ihn vornehmlich die Anwohner aus der Umgebung. Wer die Anlage von der Bülowstraße aus betritt, gelangt durch das überwucherte Eingangstor über Sandwege zu einem Rondell mit *Rosenbeeten*. Weiter geht es ein paar Stufen hinunter über eine Holzbrücke auf eine kleine Insel, die in einem künstlich angelegten Teich liegt. Dort lädt eine Rundbank, in deren Zentrum ein – noch etwas kümmerlicher – Baum steht, zum Verweilen ein. Von hier aus kann man weiterschlendern zu einem großzügig ausgestatteten Spielplatz mit eindrucksvollen Klettergeräten. Auch an die Begleiter der Kleinen ist gedacht: Rund um das Areal wurden zahlreiche Sitzbänke montiert, die einen längeren Aufenthalt möglich machen.

PARK AM GRIEPENSEE

Wriezener Straße 1, 15377 Buckow 033433/371
Strausberg, dann weiter mit der Regionalbahn über Müncheberg nach Buckow Bus E 1 von Strausberg und Müncheberg

Wer einen Ausflug nach Buckow am *Schermützelsee* (nicht zu verwechseln mit dem *Scharmützelsee*) in die *Märkische Schweiz* unternimmt, sollte unbedingt den Park am Griepensee besuchen. Der kleine *Griepensee* ist über und über mit Seerosen bewachsen. Da deren Stengel als „Griepen" bezeichnet werden, sind die Namen von See und Park leicht zu erklären.

Dort, wo heute noch ein kleiner Hügel mit einer Rasenfläche zu erkennen ist, befand sich einst eine Schloßanlage mit dem gruseligen Namen *„Totenkopf"*. 1675 hatte sich Heyno Heinrich von Flemming hier ein Herrenhaus errichten lassen, das mit den Nebengebäuden einen quadratischen Hof bildete und durch eine schmale Gasse mit dem Dorf verbunden war. Lebten die Buckower lange Zeit mit ihrer „Herrschaft" im Einvernehmen, so kam es im späten 18. Jahrhundert zu einer Reihe von gespenstisch anmutenden Konflikten. Graf Johann Georg von Flemming nahm zu dieser Zeit eine Reihe überlieferter Rechte der Buckower, wie das Schlagen von Holz in gräflichem Wald, zurück. Das erzeugte Unmut, der Schritt für Schritt eskalierte. So setzte der Graf beispielsweise den ihm unliebsamen Bürgermeister kurzerhand ab und berief einen neuen, ihm willfährigen Mann ins Schulzenamt. Zudem beanspruchte er das Recht, die Bürgerkasse zu verwalten – und bediente sich aus ihr.

Stritt man sich anfänglich noch mit Worten und beschimpfte den Grafen als „Spitzbuben", „Halunken" und „Kanalje", so ging es später deutlich handfester zu. Schließlich ließ der Graf Wächter mit Gewehren und vier Kanonen auf dem Schloßplatz auffahren. Als der Ort 1769 von einer Brandkatastrophe heimgesucht wurde, verweigerte er die Hilfe und forderte stattdessen besonders hohe Abgaben. Man ging vor Gericht, und der König verpflichtete den gräflichen Herrn zur Hilfe. Von Flemming aber mißachtete den allerhöchsten Erlaß und zog sich auf seine Güter in Krossen zurück, wo er vereinsamt starb.

Wie absonderlich dieser Graf gewesen sein muß, belegt die wohl seltsamste Buckower Anekdote: Danach lebte der Herr, nachdem sich seine Frau von ihm getrennt hatte, mit seinem Leibkutscher zusammen, und las fleißig in der Bibel. Alle Blätter, die ihm nicht gefielen, riß er einfach heraus, so daß die Bibel schließlich nur noch ein Drittel des sonst üblichen Umfangs besaß.

Anfang des 18. Jahrhunderts gehörte diese konfliktträchtige Zeit der Vergangenheit an. Die Erben hatten das Anwesen vergrößert und 1803 den jungen Karl Friedrich Schinkel beauftragt, das Schloß umzubauen. Es entstand ein zweigeschossiger Bau mit Walmdach und einem kräftigen Giebel über dem Mittelportal. Ebenfalls aus dem 18. Jahrhundert stammt die heutige Gartenanlage. Peter Joseph Lenné gestaltete die ursprüngliche Barockanlage im Stil der englischen Landschaftsparks um und bezog für dieses Vorhaben die Waldhänge und Uferpartien des Griepensees mit ein. Einzelne Elemente des Barockgartens, wie die Gartenachse und das *Rasenparterre*, sind erhalten und noch erkennbar.

Anfang des 20. Jahrhunderts war das Schloß unbewohnt, bevor es als Waisenhaus und im I. Weltkrieg als Lazarett genutzt wurde. 1930 diente es als Schauplatz von Heinz Rühmanns einziger Regiearbeit: Er drehte in Buckow seinen nur wenig erfolgreichen Spielfilm „Sophienlund".

Im II. Welkrieg kaum beschädigt, wurde das Schloß 1948 abgerissen und nach und nach auch die übrigen Bauten geschleift. Heute existiert nur noch der schöne Landschaftspark mit der inzwischen rekonstruierten *Felsenbühne*. In den Sommermonaten finden hier Aufführungen statt (insbesondere Musicals), und der Park bildet die angemessene Kulisse für die Konzertreihe „Klassik im Grünen".

PARK RUHWALD

➔ zwischen Spandauer Damm, Spreetalallee und Ruhwaldweg; 14050 Berlin (Charlottenburg)
S Westend U Neu-Westend Bus 104, 145, 218

Im westlichen Teil Charlottenburgs findet sich inmitten von Kleingartenkolonien eine heute wenig genutzte und etwas vernachlässigte Parkanlage mit interessanter Geschichte. Ursprünglich hatte hier der Verleger Ludwig von Schaefer-Voith, durch die Publikation der Frauenzeitschrift „Der Basar" (1854) zu Adelstitel und Reichtum gelangt, das *Schloß Ruhwald* mit mehreren Nebengebäuden und einem Landschaftspark errichten lassen. Später kam ein Restaurationsgebäude mit Arkaden dazu, das *Kavaliershaus*. Westlich von diesem Gelände lagen die Villen Bechmann und Rheinberg. 1924 ging der Ruhwaldsche Besitz und 1936 ein westlich davon gelegenes Gelände an die Stadt Berlin über. Hans Migge entwarf nun im Auftrag des damaligen Stadtgartendirektors Joseph Pertl für das gesamte, 12 ha große Areal einen Park. Jüdische und polnische Zwangsarbeiter mußten die Umgestaltung vornehmen, fast alle Gebäude abreißen und an der tiefsten Stelle des im Norden stark abschüssigen Geländes einen kleinen Weiher anlegen.

Wer sich dem Park vom Eingang nahe der Spreetalallee aus nähert, gelangt nach einigen Metern zu den mit Löwenköpfen und Wappen verzierten *Arkaden*, dem letzten Relikt des Kavaliershauses. Die dreiteilige, etwa 30 m lange Arkade besteht aus verputztem Ziegelmauerwerk und steht auf einem Podest, zu dem eine Treppe hinaufführt. Einander gegenüber stehen sich dort die Abgüsse der Büsten des Ehepaars Schaefer-Voith (Carl Cauer, 1872) – wie das gesamte Gebäude von Graffittis verziert. Vorbei an einem eher einfallslosen Spielplatz erreicht der Besucher eine kleine Rasenfläche, auf der die bronzene Skulptur eines Pelikanpaares kauert (Ernst-Otto Eichwald, 1963). Dahinter liegt der große, mit altem Baumbestand durchzogene Hang. Von hier aus geht es über einen der zahlreichen Wege zu dem erwähnten kleinen Weiher, dem schönsten Ort des Parks.

PFAUENINSEL

im südlichen Lauf der Havel, in Berlin-Zehlendorf
Bus 316 bis Endstation, dann Fähre
Schloß Pfaueninsel: 11. Mai - 13. Oktober 10-17 Uhr, Pause 13-13.30 Uhr; Mo geschlossen DM 3,- (nur mit Führung); **Naturschutzgebiet:** November - Februar 10-16 Uhr, März und Oktober 10-17 Uhr, April und September 8-18 Uhr, Mai - August 8-20 Uhr DM 2,-

Romantisch ist bereits die Anfahrt zur rund 76 ha großen Pfaueninsel: Besucher werden mit der Fähre über einen nur 50 m breiten Arm der *Havel* gebracht, der den Landschaftspark im *Wannsee* vom Festland trennt. Den Namen der Havelinsel meint sich jeder sogleich erklären zu können, gibt es doch Pfauen zuhauf; tatsächlich leitet er sich nicht von der Vogelart ab, die seit 1797 hier angesiedelt ist, sondern vom mittelnie-

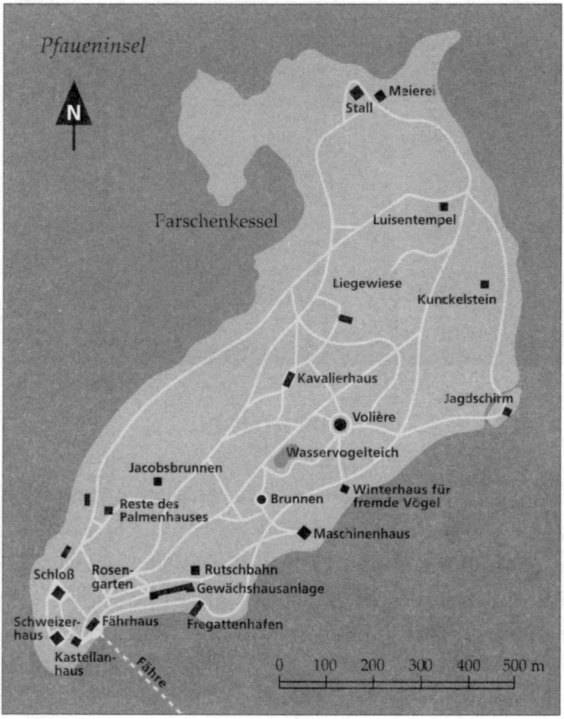

derdeutschen „page“ (= Pferd). Neben Pferden gab es auf dem Eiland auch einmal eine Kaninchenzucht, weshalb die Insel zwischenzeitlich *Kaninchenwerder* hieß.

Die Insel war schon immer ein anziehender Ort für Eigenbrödler und Romantiker: An den „Goldmacher“ Johannes Kunkel beispielsweise, der auf der Pfaueninsel Ende des 17. Jahrhunderts Rubinglas herstellte, erinnert ein Gedenkstein am Südufer. Das Volk spekulierte damals, der Große Kurfürst habe ihn mit der künstlichen Goldherstellung beauftragt, was den Ort besonders geheimnisvoll machte. Friedrich Wilhelm II. Erbauer des *Marmorpalais* im *Neuen Garten* (> Schloss Cecilienhof), nutzte die Insel dagegen weniger für alchimistische Experimente, sondern zum Tête-à-Tête mit seiner Geliebten Wilhelmine Encke, der späteren Gräfin Lichtenau. (> Palais Lichtenau) In seinem Überschwang bestückte der auch als „dicker Wilhelm" bekannte sinnenfrohe Monarch die Insel mit romantisierenden Bauten, während die Freiflächen überwiegend landwirtschaftlich genutzt wurden.

Erst sein Sohn Friedrich Wilhelm III. ließ das Gelände 1821-34 durch Peter Joseph Lenné gartenkünstlerisch gestalten, seltene Pflanzen züchten und zahlreiche Gehege anlegen, die bald zu einem kleinen Privatzoo anwuchsen. Ab 1845 bekam ein Großteil seiner *Menagerie* in dem neugegründeten Berliner > Zoologischen Garten ein Zuhause; zurück blieben die Pfauen, die den Besucher, wenn er Glück hat, mit dem obligatorischen Radschlagen erfreuen.

Von der Anlegestelle aus geht es vorbei an *Fährhaus* und *Kastellanshaus* zur Küche, die – wie bei Schlössern des 18. Jahrhunderts häufig anzutreffen – vom Hauptgebäude getrennt und mit diesem durch einen unterirdischen Gang verbunden ist. Das 1794-97 von Johann Gottlieb Brendel erbaute Schlößchen ließ der „dicke Wilhelm" angeblich im Stil eines „verfallenen römischen Landhauses" errichten, aber selbst mit bestem Willen ist ein solches Vorbild in dem kulissenartigen Phantasiegebäude kaum zu entdecken. Die Wohnung mit Antikenzimmer und Lesekabinett in Form einer tahitianischen Bambushütte ist noch erhalten und sollte unbedingt besichtigt werden.

Auf dem Weg zur *Meierei* trifft der Besucher auf das *Kavaliershaus*, das Karl Friedrich Schinkel 1824-26 für die Kinder und Hofangestellten der königlichen Gemeinde errichtet hatte. In den Bau fügte er eine gotische Hausfassade aus Danzig ein, die am Originalstandort nur noch als Kopie erhalten ist. Wie das Schloß ist auch die 1794 entstandene Meierei ein Ruinengebäude; im Parterre wurden Molkereiprodukte gewonnen, die Kühe hatten in dem kleinen kapellenähnlichen Gebäude nebenan ihre Unterkunft.

Als nächste Station des Rundgangs empfiehlt sich der am Waldrand stehende, stets im Schatten liegende *Luisentempel*. Der hierher versetzte Portikus des *Mausoleums* aus dem *Schloßpark* Charlottenburg erinnert an die Königin Luise; in > SCHLOSS CHARLOTTENBURG ist seitdem eine haltbarere Granitkopie des Portikus zu besichtigen. Nun geht es weiter zum höchsten Punkt der Insel, wo eine Fontäne in einen eisernen *Schalenbrunnen* (1827) rauscht. Von diesem Ort aus wird die gesamte Insel bewässert. Wer sich am Maschinenhaus vorbei wieder Richtung Südwesten wendet, sollte vor der Rückfahrt noch einen Blick auf das gegenüberliegende Havelufer werfen: Die russisch anmutende Kirche *St. Peter und Paul* und das Blockhaus *Nikolskoe* wurden 1834-37 eigens als Blickpunkt für die Besucher der Pfaueninsel errichtet.

PREUSSEN PARK

→ zwischen Hohenzollerndamm, Brandenburgischer, Pommerscher und Württembergischer Straße; 10707 Berlin (Wilmersdorf)
U Fehrbelliner Platz, Konstanzer Straße
Bus 101, 104,115, 204

Wie eine Oase der Ruhe wirkt der Preußenpark nördlich des Fehrbelliner Platzes, umtost vom Autoverkehr. Von der Württembergischen Straße aus kommend, erblickt der Besucher zunächst einen kleinen Birkenhain. Schlendert er weiter, öffnet sich ihm eine Lichtung, auf der höchst idyllisch unter Bäumen eine *Antilopen-Bronze* plaziert ist. Wer nun dem von üppigem Baumbestand umgebenen Weg folgt, erreicht nach kurzer Strecke eine große, kreisförmige Wiesenfläche mit auffallenden, rot-weiß lackierten Bänken. Hier steht die von Reinhold Begas 1885 geschaffene *Borussia*. Die triumphierende Monumentalfigur mit Schwert und Kränzen, das Sinnbild Preußens, präsentiert sich in wallendem antiken Gewand sowie Schmuckrelief an Helm und Beinschienen. Die zu besichtigende Plastik ist allerdings ein Nachguß; das bis 1936 im *Zeughaus* aufgestellte Original befindet sich im *Lapidarium*.

Die Rasenfläche ist als Liegewiese ausgewiesen und damit für Vierbeiner tabu. Der anschließende große Spielplatz bietet etliche Möglichkeiten zum Toben mit einem in Sand eingebetteten Kletterbaum, Gerüsten, Rutschen, Palisaden und einer Seilbahn.

SPREEAUENPARK COTTBUS

zwischen Siedlung Branitz, Stadtring und SpreeBahnhof Cottbus 0355 / 752 90 Bus 10 Tram 1,2,4,5

Park: ab 9 Uhr (ohne Begrenzung); **Tierpark:** 9-16.30 Uhr

DM 3,- (kombinierte Tageskarten für Spreeauen- und Tierpark: DM 4,-)

Als erste Stadt der neuen Bundesländer veranstaltete Cottbus 1995 eine *Bundesgartenschau* – ein Versuch, der eindrucksvoll gelang. Nach dem Ende der *BUGA Cottbus* steht den Menschen nun ein wunderschöner Park zur Freizeitnutzung zur Verfügung, der inzwischen Spreeauenpark getauft wurde.

Das Gebiet wird im Norden vom Stadtring und dem dahinterliegenden *Eliaspark* mit Sport-und Spielanlagen, im Westen von der *Spree* und im Süden vom *Tierpark Cottbus* und dem im Südosten anschließenden > BRANITZER PARK eingegrenzt.

Heute ist ein Teil des Gartenschaugeländes, der sogenannte *Vorpark,* frei zugänglich. Er gehörte einst zu Fürst Pücklers Besitz, wurde von diesem aber wenig in die Gestaltung seiner Parkanlagen einbezogen.

Im Westen begrenzt den Vorpark die von Nord nach Süd verlaufende Kiekebuscher Allee. Als einfache Dorfstraße verband sie früher die Orte Sandow und Kiekebusch. Erst die Baumpflanzungen Pücklers machten sie zu einer Allee. Die bis zu 140 Jahre alten knorrigen Stieleichen wurden anläßlich der Gartenschau durch teilweise Abtragung des Straßenasphalts und Autoverbot gerettet. Außerdem sorgte man dafür, daß der ausgetrocknete *Branitzer Landgraben,* der sich von Süden nach Norden durch den Vorpark schlängelt, wieder Wasser führen konnte. Ihn säumen saftige Wiesen, die im Sommer unter Bäumen auch schattige Plätzchen bereithalten.

Vom Parkbahnhof Sandow kommend, trifft der Besucher des Vorparks bald auf das *Umweltzentrum Cottbus,* das in einem pavillonartigen Neubau untergebracht ist. Sowohl die Architektur als auch die Verwendung der Baumaterialien machen seiner Nutzung alle Ehre. Vom Hauptweg Richtung Süden trifft der Spaziergänger schon bald auf ein altes Bauernhaus, in dem Fürst Pückler seine Landarbeiter unterzubringen pflegte. Das Haus mußte weitgehend rekonstruiert werden, allein die äußere Hülle blieb von der ursprünglichen Bausubstanz erhalten. Untergebracht ist hier unter anderem ein kleines *Apothekermuseum* mit dazugehörigem Heilpflanzengarten.

Wer sich jetzt weiter Richtung Waldrand vorwagt, darf nicht ängstlich sein, denn im nahe gelegenen *Imkerhaus* haben 24 Bienenvölker ihr Zuhause. Ein Informationsraum, der nicht nur für Hobbyimker oder Immen-Profis interessant ist, nimmt vielleicht auch dem Laien die Scheu vor den Honigproduzenten. Gleich nebenan können seltene Geflügel- und Kleintierrassen bewundert werden.

Der heute noch eintrittspflichtige Teil des Spreeauenparks wird im Osten durch die Geleise der *Parkbahn* vom Vorpark abgegrenzt. Wer sich ihm vom Eliaspark aus nähert, gelangt durch eine Unterführung unter dem Stadtring zum neu eingerichteten *MesseCentrum*. Das anschließende Kernstück, der *Messepark*, erfuhr die gründlichste Umgestaltung, denn die Flächen der ehemaligen Pressefestwiese waren, den Bedürfnissen einer Fahrschule entsprechend, größtenteils versiegelt worden. Zu erwähnen ist hier vor allem der neu angelegte *Rosengarten*, der im Sommer die ganze Pracht

seiner vielzähligen Rosensorten entfaltet. Als Ausgleich zur strengen Architektur der Messehallen kann der große *Parkweiher* gelten, dessen Aushub für die Modellierung einer Hügellandschaft genutzt wurde, die den Blick auf den unschönen Stadtring leider nicht gänzlich verstellt. Am Südufer des Sees steht ein Pavillon, dessen Bühne dem Spaziergänger auch als Erholungsplatz dienen kann. Von hier aus kann er den reizvollen Ausblick auf die neugewonnene Gartenlandschaft genießen.

Zu einer Reise in vergangene Zeiten lädt der südwestlich gelegene *Tertiärwald* ein. Schon der Weg hierher, eine von 70 Findlingen gesäumte Allee, stimmt den Besucher auf Dinosaurier-Atmosphäre ein. Auf 1 ha ist eine aus vielen Pflanzengesellschaften gebildete Ur-Landschaft entstanden. In einem wilden Flußsystem mit Altwässern, Flußschlingen und aufgeschütteten Sandwällen finden sich Wasser- und Riedpflanzen, Sumpf-, Eichen- und Buchenwald sowie Moorgebüsch. Dem Weiher-Aushub verdankt der Tertiärwald einige „Mooreichen". Die im Sumpfwald plazierten Stämme befinden sich im Torfstadium und sind vermutlich mehrere tausend Jahre alt. Die größte Attraktion stellt hier sicherlich der *Mammutbaumstubben* dar. Hierbei handelt es sich um die beachtlichen Reste – 5 m Wurzelstock- und 3,20 m Stammdurchmesser – eines Mammutbaums, der vor ca. 15 Mio. Jahren auf einer Insel im Niederlausitzer Kohlemoor stand und dort etwa 1.200 Jahre alt wurde. Jetzt ist der 25 t schwere Koloß in der Nachbarschaft jugendlicher Mammutbäume zu bestaunen.

Wer damit genug von Paläobotanik hat, der wendet sich am besten Richtung Osten, zum *Rhododendronhain*. Von hier aus geht es entweder zurück zum Weiher oder in Richtung Süden den *Sandower Landgraben* entlang. Auf diesem Weg drängen Kinder bald zu einem Spielplatz der besonderen Art. Rund um eine 7 m hohes pyramidenförmiges Klettergerüst ist ein teilweise unterirdisch verlegtes Röhrensystem angelegt, durch das bizzarre Klänge an die Ohren der Spielenden gelangen. Direkten Einfluß auf die Klangwelt haben Kletterer, die durch ihre Bewegungen die im Gerüst befestigten Instrumente zum Klingen bringen können. Ein atemberaubendes musikalisches Erlebnis.

Wer bis zum südlichsten Zipfel des Parks weitergeht, trifft auf den *Tierpark Cottbus*, der 1994 sein 40jähriges Gründungsjubiläum feierte. Er bietet vom Rind bis zum Raubtier alles, was zu einem ordentlichen Zoo gehört, auch ein Streichelgehege fehlt nicht. Spezialisiert ist diese *Menagerie* hingegen auf Wasser-

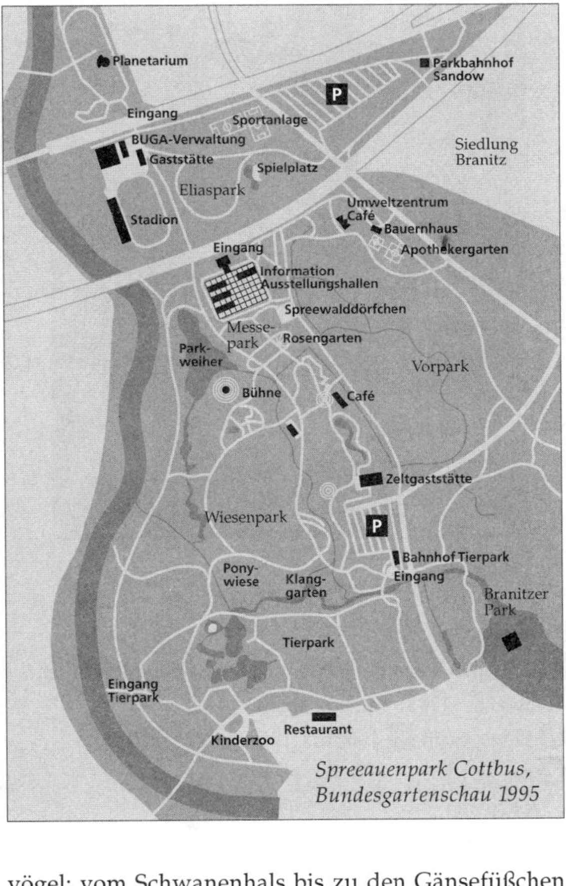

Spreeauenpark Cottbus, Bundesgartenschau 1995

vögel: vom Schwanenhals bis zu den Gänsefüßchen finden sich hier viele Arten geflügelter Wesen. Die *Parkbahn* fährt übrigens bis hierher, so daß man am Ende eines langen Tages nicht mehr den ganzen Weg zurücklaufen muß. Wer zwischendurch nochmal aussteigen möchte, kann sich im Parkcafé stärken.

SPREEPARK

zwischen Neuer Krugallee, Bulgarischer Straße und Kienwerderallee; 12435 Berlin (Treptow)
S Pläntersald Bus 166, 167, 177, 241, 265, 270

„Herrreinspaziert, Herrreinspaziert!" Schon von weitem lärmt dem Besucher lautstarke Lebensfreude entgegen. Der 32 ha große Spreepark ist der einzige ständige Vergnügungspark Berlins und hat seine Heimat schon seit über 30 Jahren am gleichen Ort. 1969 unter dem Namen *Kulturpark Berlin* gegründet, fanden hier zu DDR-Zeiten jährlich rund 200 Veranstaltungen mit

Ensembles aus der DDR und anderen osteuropäischen Ländern statt. Nach der Vereinigung fiel der Park zunächst an den Senat von Berlin, der ihn nach kurzer Zeit verpachtete. Seit April 1992 wird der Spreepark von einer privaten Gesellschaft betrieben, die den einst bescheidenen sozialistischen Rummel zum großen Freizeit- und Vergnügungspark ausbaute: Karussells, Autoscooter, Fahrgeschäfte aller Art – wer es liebt, seinen Magen gen Himmel schleudern zu lassen, der ist hier an der richtigen Adresse. Erhalten blieb immerhin die alte Hauptattraktion: ein 45 m hohes Riesenrad, das man schon vom Treptower Park aus über den Baumwipfeln erblickt.

Wer sich nach dem intensiven Geruch des Bratfetts, den „Jedes Los gewinnt!"–Rufen und dem Naschen von gebrannten Mandeln seine Nase auslüften möchte und sich nach etwas Ruhe sehnt, dem sei ein Spaziergang durch den südlich anschließenden *Plänterwald* angeraten. Gerne hätten wir dabei einen Besuch im berühmten Gasthaus *Eierhäuschen* ans Herz gelegt, aber bedauerlicherweise steht der Spaziergänger zur Zeit vor verschlossener Tür. So bleibt bloß die Empfehlung, vorzusorgen und das Picknick selbst mitzubringen. Der wahre Parkfreund vergißt dabei nie, seinen „Stechlin" einzupacken und das Kapitel „Im Eierhäuschen" am authentischen Ort zu lesen – ein Genuß, von dem man länger zehrt als von den Sättigungsbeilagen, die zuletzt im Eierhäuschen auf ihre Konsumenten warteten.

STADTPARK NEURUPPIN

➔ zwischen Alt Ruppiner Allee und Ruppiner See,
16816 Neuruppin
Bus Stadtlinie

Der Stadtpark Neuruppin ist neben dem > TEMPELGARTEN der zweite große Park in der Geburtsstadt des großen märkischen Dichters Theodor Fontane und des berühmten preußischen Baumeisters Karl Friedrich Schinkel. Noch zu Beginn des 19. Jahrhunderts war das zwischen Alt Ruppiner Allee und *Ruppiner See* gelegene Areal Schießplatz des „Infanterieregiments 24". Auf Betreiben des damaligen, sehr rührigen Stadtkommandanten, Oberst Alexander von Wulffen, wurden 1835 ein Verschönerungsverein ins Leben gerufen und die ehemaligen Schießbahnen, gegen den Willen der Stadtväter, mit Erlen und Birken bepflanzt.

Von Wulffens Nachfolger, Oberstleutnant Chlebus, setze die Gartengestaltung fort, und 1840 lieferte der königliche Gartenbaudirektor Peter Joseph Lenné einen Vorschlag zu Bepflanzung des Stadtparks. Nun kamen wertvolle Gehölze nach Neuruppin, neben Tannen, Zypressen und Lebensbäumen vor allem Virginischer Wacholder. Um die Jahrhundertwende zeigte sich das Neuruppiner Schmuckstück in vollem Glanz: Die Wege und Plätze waren mit weißem Sand bestreut, die Blumenwiesen bewachsen von reichhaltiger Flora, und Denkmäler schmückten den Park. Haupanziehungspunkt aber war der Musikpavillon, Schauplatz der bekannten Parkkonzerte.

In den 30er und 40er Jahren dieses Jahrhunderts verwilderte der Park zunehmend. Im II. Weltkrieg weitgehend verschont, nutzte man ihn noch bis Ende der 50er Jahre als Veranstaltungsort, vor allem für Kundgebungen am 1. Mai. Noch in den 60er und frühen 70er Jahren gab es einen kleinen *Heimattierpark*, aber in der Zeit danach geriet die Anlage immer mehr in Vergessenheit. Neben mangelndem Interesse und knappen Finanzen lag das vor allem an der Lage des Areals: Es befand sich genau in der Einflugschneise der sowjetischen Militärjets des Neuruppiner Flughafens, und schon deshalb versprach der Aufenthalt wenig Erholung.

Nach dem Zusammenbruch der DDR und dem damit einhergehenden Abzug der alliierten Truppen aus Deutschland bemühte sich das Neuruppiner Gartenamt rasch um die Wiederherstellung des Areals. Das knapp 9 ha große, am Ostrand der Stadt gelegene

Gelände war allerdings so heruntergekommen, daß die Restaurierung einer Neubebauung gleichkam. Zunächst wurde das gesamte Gebiet entrümpelt und der Müll beseitigt, die Schäden an den Denkmälern ermittelt sowie der gesamte Park neu vermessen. Danach legte man einen Baumkataster an und rodete den Wildwuchs vergangener Jahrzehnte. Die angrenzende Uferzone zum Ruppiner See mußte ebenfalls grundlegend gesäubert und unter anderem über zwei Dutzend ungenehmigte Stege abgerissen werden.

Nach Abschluß dieser Vorarbeiten konnte die Rekonstruktion beginnen. Immerhin verfügte der Park noch über einen ansehnlichen Bestand an alten Bäumen. Eine Zählung Anfang der 90er Jahre identifizierte 131 Bäume der Erstbepflanzung aus den Jahren 1835-40. Ein Viertel dieses Bestandes wies einen Stammdurchmesser von bis zu 70 cm auf, und die Bäume waren zwischen 70 und 120 Jahre alt.

Nach der Sanierung dieses Altbestandes begann die Neuanpflanzung sowie die Wiederherstellung des

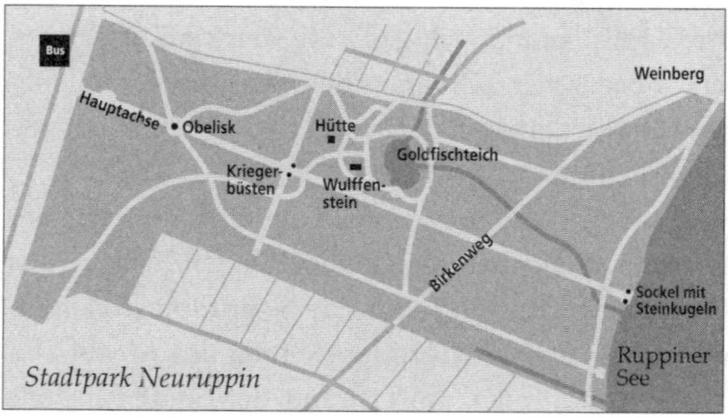

Wegenetzes. Die alte Hauptachse von der Alt Ruppiner Allee zum See sowie der sie kreuzende Birkenweg wurden neu angelegt. Damit verfügt der Park nun wieder über ein Wegegerüst, das auf 2,3 km ausgebaut werden soll. Ebenfalls rekonstruiert wurden der fast verlandete *Goldfischteich* sowie die alten Grabenverläufe und der Gedenkstein für den Parkgründer von Wulffen, der *Wulffenstein*. Die Wiederherstellungsarbeiten werden noch einige Zeit in Anspruch nehmen, aber schon jetzt ist zu erkennen, daß der Park 160 Jahre nach seiner Gründung einer neuen Blüte entgegensieht.

TEMPELGARTEN

➔ Präsidentenstraße 64, 16816 Neuruppin
Bus Stadtlinie

Neben dem verwunschen wirkenden > Stadtpark Neuruppin verfügt die Stadt mit dem schönen Beinamen „Tor zur Ruppiner Schweiz" über eine zweite sehenswerte Anlage. Das am Rand der alten Kernstadt liegende, von einer Backsteinmauer umgebene Areal entstand 1735 auf Geheiß von Kronprinz Friedrich von Preußen (später als „der Große" bekannt). Es beherbergt das erste Bauwerk von Georg Wenzeslaus von

Knobelsdorff, einen *Rundtempel*, dem der bekannte Baumeister im Laufe seiner Karriere Werke wie Schloß > SANSSOUCI in Potsdam, die Lindenoper oder den *Neuen Flügel* des > SCHLOSS CHARLOTTENBURG in Berlin folgen ließ. Knobelsdorff stattete den Rokoko-Garten, dem Geschmack der Zeit folgend, mit gestutzten Hecken, Taxuspyramiden, Skulpturen und einer Grotte aus.

In Anlehnung an den Landsitz des Attikus in Epirus, der sich wiederum auf die Nymphe bezog, die den gerade geborenen Jupiter mit Ziegenmilch nährte, nannte Friedrich den Park *Amaltheagarten*. Der Kronprinz traf sich während seiner Stationierung in Neuruppin hier allabendlich mit seinem Freundeskreis.

Später verwilderte der Tempelgarten, bis ihn der Kaufmann Johann Christian Gentz Mitte des 19. Jahrhunderts erwarb und mit großem Aufwand wiederherstellen und ausbauen ließ. Der Kaufmann veranlaßte außerdem, daß der Baumeister Carl von Diebitsch einige Gebäude im maurischen Stil errichtete. Der ursprünglich offene Tempel erhielt seine heutige Form, und es wurden eine Reihe von Statuen aufgestellt. Der Tempelgarten ist eines der ungewöhnlichsten Kleinode brandenburgischer Gartenbaukunst, das mit seinem alten Baumbestand und sonnigen Plätzen zu erholsamen Rundgängen einlädt.

VILLEN UND PALAIS

Altes Palais
Ephraim-Palais
Hiller-Brandtsche Häuser
Kronprinzenpalais
Kulturhaus am Alten Markt
Palais am Festungsgraben
Palais Bülow
Palais Lichtenau
Palais Schwerin
Prinz-Heinrich-Palais
Prinzessinnenpalais
Siemens-Villa
Villa Borsig
Villa Grisebach
Villa Lemm
Villa Mangerstraße
Villa Müller-Grote
Villa Quistorp
Villa von der Heydt
Villa von Hacke

ALTES PALAIS

➔ Unter den Linden 9/Ecke Bebelplatz; 10117 Berlin (Mitte)
S Hackescher Markt, Friedrichstraße U Hausvogteiplatz, Friedrichstraße Tram 1, 13 Bus 100, 157, 348

Im von der *Humboldt-Universität* genutzten Alten Palais wohnte der erste deutsche Kaiser, Wilhelm I., bereits zu seinen Kronprinzenzeiten. Die heutige Fassade hat der Kaiser allerdings nie gesehen, sie entstand 1963 als Rekonstruktion. Die Pläne für den 1834-37 errichteten, klassizistischen Originalbau stammten von Carl Ferdinand Langhans. Auffälligstes Schmuckelement ist der von vier Säulen getragene Balkon, der das Hauptportal mit Auffahrtrampe überdacht. Dreizehn Fensterachsen breit und zwei Geschosse sowie ein Mezzaningeschoß hoch, wirkt die Hauptfassade streng, fast abweisend. Auch die von Ludwig Wichmann gestalteten Statuetten und Wappen aus Terrakotta zwischen den Fenstern des oberen Halbgeschosses verstärken den Charakter würdevoller Strenge, den das Haus ausstrahlt. Die ursprünglich bis zur Behrenstraße reichenden rückwärtigen Trakte des L-förmigen, im II. Weltkrieg ausgebrannten Gebäudes wurden bei der Rekonstruktion nicht mehr aufgebaut.

Das Palais steht in einem seltsamen Kontrast zu seiner Umgebung. Neben dem an der Schmalseite zum Bebelplatz angrenzenden Barockbau der *Alten Bibliothek*, der runden *St.-Elisabethkirche* und der *Deutschen Staatsoper* wirkt das klar gegliederte Palais auffallend nüchtern, wie ein Fremdkörper inmitten der Stadt.

EPHRAIM-PALAIS

Poststraße 16, 10178 Berlin (Mitte) 030 / 242 51 08
Alexanderplatz, Klosterstraße Alexanderplatz
142, 147, 257
Dependance des **Stadtmuseums Berlin**: Di-Fr 9-17, Sa 9-18, So 10-17 Uhr, Mo geschlossen DM 3,-

Das Ephraim-Palais im *Nikolaiviertel* galt lange Zeit als schönstes Gebäude Berlins. Wer heute am Mühlendamm steht und in der Tat eine der ansprechendsten

Fassaden der Stadt bewundert – angesichts des über die Leipziger Straße brausenden Verkehrs allerdings nur ein begrenztes Vergnügen –, der sollte jedoch vorsichtig sein mit dem Lob der alten Baumeister. Was sich dem Betrachter präsentiert, ist kein in Ehren ergrautes und neuerdings geliftetes Stadtpalais, sondern die gelungene Rekonstruktion eines Rokokobaus, der ursprünglich etwa 20 m versetzt stand. Auch der Eintritt in das Gebäude lohnt: Seit 1987 ist das Ephraim-Palais eine Dependance des *Stadtmuseums Berlin*, das hier exzellente Ausstellungen zeigt.

Einst hatte Friedrich II. das Palais seinem jüdischen Hofjuwelier Veitel Heine Ephraim geschenkt, als Dank für dessen Dienste während der Schlesischen Kriege. Die Pläne für das 1762-65 entstandene Gebäude stammen von Baumeister Friedrich Wilhelm Diterich, der jedoch keinen Neubau entwarf, sondern das um 1700 entstandene Haus des Apothekers Karl Walter Tonnenbinder umbauen ließ. Seine besondere Note erhielt das Palais durch die abgerundete Ecke, doch auch in der „Feinausstattung“ ließ der Bauherr an nichts sparen: Der Eingang wurde mit jeweils zwei Säulenpaaren geschmückt, die den großen Balkon im ersten Stock trugen. Dessen schmiedeeiserne Geländer waren ebenso vergoldet wie die Geländer der vier höher gelegenen, kleineren Balkone. Den großen Balkon schmückten Putten, den Dachrand prachtvolle Vasen. Auch die Innengestaltung zitierte die runde Ecke: Von der ovalen Eingangshalle kam man über eine gleichfalls oval geschwungene Treppenhalle zu den wiederum ovalen Festräumen im Obergeschoß.

Für die Verbreiterung des Mühlendamms wurde das Haus 1935/36 abgetragen und die 2.493 Fassadenteile einschließlich der Säulen und Balkonplatten zum späteren Wiederaufbau durchnumeriert. Die Zwischenlagerung im Bezirk Wedding zog sich allerdings fast 50 Jahre hin, Krieg und die Teilung vereitelten die Pläne zu einem raschen Wiederaufbau. Im Sommer 1983 gab der Senat die Fassadenteile schließlich nach Ost-Berlin zurück, so daß bis 1987 das Ephraim-Palais dann nach Meßbildern und Grundrissen in alten Polizeiakten originalgetreu rekonstruiert werden konnte. Etwa 15 Prozent der Fassadenteile mußten neu gefertigt werden, die schlecht erhaltenen Putten und anderer bildkünstlerischer Schmuck wurden durch Kopien ersetzt. Auch die Treppen und Ziergitter im Innern sind Neuanfertigungen. Anstelle des verschollenen chinesischen Zimmers baute man die barocke „Schlüterdecke" (Andreas Schlüter, 1701-03) aus dem 1889 abgerissenen *Palais Wartenberg* gegenüber dem > STADTSCHLOSS ein.

Die Rekonstruktion des eleganten Stadtpalais ist zweifellos die gelungenste Maßnahme der DDR-Regierung im Rahmen des Wiederaufbaus des *Nikolaiviertels* zur 750-Jahr-Feier Berlins.

HILLER-BRANDTSCHE HÄUSER

Breite Straße 8, 10, 12, 14467 Potsdam
Potsdam Stadt Tram 91, 92, 93, 96, 98, Bus 601, 602, 603, 606, 607, 608, 611, 631, 643, 650, 694, 697
Dependance des **Potsdam-Museums:** Di-So 9-17 Uhr
0331 / 289 660 / -03

Das Wort „Häuser" ist für die Hiller-Brandtschen Gebäude in Potsdam reichlich untertrieben. Dem Betrachter präsentiert sich an der stets stark befahrenen Breiten Straße ein mächtiges Doppelhaus mit einem Mittelbau von insgesamt 20 Achsen. Während der Zwischenbau zwei Stockwerke aufweist, verfügen die links und rechts anschließenden Bauten über dreieinhalb Geschosse.

Der 1769 errichtete Komplex ist ein Werk des Baumeisters Georg Christian Unger, der sich wiederum an Vorlagen des englischen Architekten Inigo Jones für das Londoner *Schloß Whitehall* orientierte. Auffällig ist der reiche, das Haus charakterisierende Figurenschmuck auf dem Gesims und den Balkonen. Insgesamt schmücken 29 Plastiken des französischen Bildhauers Michel Gérin die Hiller-Brandtschen Häuser.

Der Baukomplex mit seiner monumentalen Prachtfassade gilt als Musterbeispiel friderizianischen Kulissenbaus („palladianischer Klassizismus"), eine Charakterisierung, die dem Betrachter unmittelbar einleuchtet. Ihre Bezeichnung erhielten die Häuser nach ihren Besitzern, dem Kaufmann Hiller und dem Schneider Brandt, zwei erfolgreichen Potsdamer Unternehmern. In dem Gebäude, das zuvor an dieser Stelle stand, lebte lange Jahre der prominente Baumeister Johann Phillip Gerlach, von dem der bedeutendste preußische Sakralbau stammte, die Hof- und Garnisonkirche Potsdam.

Schräg gegenüber, in der Breiten Straße 11, befindet sich ebenfalls ein Bau von Unger. Das 1770 errichtete und in der Nachkriegszeit rekonstruierte *Ständehaus* kennzeichnet eine ruhige Pilastergliederung mit spätklassizistischen Tendenzen. Beide Bauten nutzt heute das seit 1909 bestehende *Potsdam-Museum* mit seiner umfangreichen Ausstellung zur Stadtgeschichte sowie zur Umwelt und Natur der Region.

KRONPRINZENPALAIS

➔ Unter den Linden 3, 10117 Berlin (Mitte)
S Hackescher Markt, Friedrichstraße U Hausvogteiplatz, Friedrichstraße Tram 1, 13 Bus 100, 157, 348

Das bis 1990 von der Regierung der DDR als Gästehaus genutzte Kronprinzenpalais war ursprünglich als Amtssitz des *Bundespräsidenten* vorgesehen. Nach Richard von Weizsäckers Entscheidung, weiterhin im > Schloss Bellevue zu residieren, soll das Gebäude jetzt wieder Gästehaus werden – nun für die *Bundesregierung*.

Ein würdiger Präsidialamtssitz wäre der repräsentative, dreigeschossige Klassizismusbau mit der schönen Adresse Unter den Linden 3 gleichwohl gewesen. Zum Hauptportal mit Säulenvorhalle und Balkon führt eine kleine Rampe; der Seitenflügel ist etwas zurückgesetzt, und den so entstandenen Vorplatz schirmt eine Säulenkolonnade zur Straße hin ab. Die Asymmetrie des Gebäudes (der zweite Seitenflügel fehlt) und das offensichtlich nachträglich aufgesetzte Attikageschoß lassen ahnen, daß der Bau eine wechselvolle Geschichte hinter sich hat.

Ursprünglich stand an diesem Platz ein Wohnhaus, das sich Geheimsekretär Johann Martitz 1663-69 errichten ließ und das 1732 von Philipp Gerlach als zweigeschossiges Barockpalais für Kronprinz Friedrich, den späteren Friedrich II. umgebaut und erweitert wurde. Friedrich zog zu seinen Kronprinzenzeiten zwar das nördlich von Berlin gelegene > SCHLOSS RHEINSBERG als Wohnsitz vor, seine Nachfolger nutzten das Haus jedoch als Stadtpalais. Friedrich Wilhelm III. ließ 1810/11 den Bau über eine Brücke mit dem Prinzessinnenpalais verbinden und die Innenräume durch Karl Friedrich Schinkel umgestalten. Für den späteren Kaiser Friedrich III. baute Heinrich Strack es dann nochmals um. Das Palais wurde aufgestockt und um einen Seitenflügel mit Säulenpergola erweitert; das Hauptportal erhielt eine gedeckte Vorfahrt mit Balkon.

Nach dem Untergang der Monarchie war 1919-37 die Neue Abteilung der *Nationalgalerie* hier untergebracht, und ihr junger Direktor Ludwig Justi veranstaltete hier einige sensationelle Ausstellungen, insbesondere mit Werken der expressionistischen Malergruppen „Brücke“ und „Blauer Reiter“. 1933 wurde Justi von den Nationalsozialisten zwangsbeurlaubt und mußte 1937 erleben, wie die Nazis seine Ausstellung schlossen und insgesamt über 500 Gemälde, Plastiken und Zeichnungen als „entartete Kunst“

beschlagnahmten. Nach dem II. Weltkrieg war das Palais bis auf die Außenmauern zerstört, 1961 trug man die Ruine schließlich völlig ab, bevor das Gebäude 1968/69 rekonstruiert wurde.

Lohnenswert ist eine Umrundung des Palais. Seit dem Abriß des DDR-Außenministeriums ist vor allem die Ostseite wieder in ganzer Pracht zu bewundern. Südlich des Kronprinzenpalais steht Karl Friedrich Schinkels *Friedrichswerdersche Kirche*, in deren Nachbarschaft bis in die 60er Jahre seine *Bauakademie* noch zu sehen war, bevor die DDR-Regierung sie zugunsten des neuen Außenministeriums abreißen ließ. *Bundesregierung* und *Senat* planen eine Replik der Bauakademie, was nicht nur unter den Bauhistorikern vor allem wegen der völlig unklaren Nutzung umstritten ist. Eine alte Berliner Krankheit: erst über Fassaden zu streiten und dann über Inhalte nachzudenken. Immerhin ist ein Originalteil der Bauakademie noch zu bewundern. Die Ende der 60er Jahre im Garten des Kronprinzenpalais errichtete Schinkelklause, die aber zur Enttäuschung vieler Einheimischer und Fremder keine Restauration beherbergt, ziert das linke Hauptportal der Bauakademie.

KULTURHAUS AM ALTEN MARKT

Am Alten Markt, 14467 Potsdam 0331 / 29 20 79
Potsdam Stadt Tram 91, 92, 93, 96, 98 Bus 601, 602, 603, 606, 607, 608, 611, 631, 643, 650, 694, 697
Di-So 10-17 Uhr

Der Alte Markt in Potsdam bildete bis zu seiner starken Beschädigung durch einen Bombenangriff am 14. April 1945 ein städtebaulich besonders ansprechendes Ensemble mit *Nikolaikirche*, > STADTSCHLOSS, *Altem Rathaus*, *Knobelsdorffhaus* und *Palast Barberini*. Heute stehen neben der Kirche nur noch das Alte Rathaus und das Knobelsdorffhaus. Die beiden an der Westseite des Platzes gelegenen Gebäude wurden 1966 durch einen modernen Zwischenbau verbunden, der aber den Reiz der historischen Bauten glücklicherweise nicht schmälern kann.

Weithin sichtbar leuchtet vom Alten Rathaus die vergoldete Bronzefigur des *Atlas*, der die Weltkugel auf seinen Schultern trägt. Der Große Friedrich ließ 1753 anstelle eines Fachwerk-Rathauses Jean Bouman ein Gebäude mit sieben Fensterachsen und großem Turmaufsatz errichten. Die Front schmücken korinthische Säulen und Attikafiguren, die verschiedene Tugenden darstellen: Wachsamkeit, Standhaftigkeit, Überfluß, Gerechtigkeit, Kaufmannschaft, Vorsicht. Inmitten der Skulpturen ist eine aufwendige Version des Stadtwappens zu bestaunen.

Das fünfachsige Knobelsdorffhaus, ein zweieinhalbgeschossiger Putzbau aus der Mitte des 18. Jahrhunderts, ist nach seinem Baumeister Georg Wenzeslaus von Knobelsdorff benannt. Es ist mit Bauplastiken von Friedrich Christian Glume, Johann Peter Benkert und Carl Joseph Sartori verziert und gilt als Paradebeispiel für die frühere Bebauung des Platzes.

Nach der Beschädigung im II. Weltkrieg wurden die beiden Gebäude 1966 durch besagten Zwischenbau verbunden und das dort angesiedelte Kulturhaus nach dem Arbeiterschriftsteller Hans Marchwitza benannt. Dieser ist auch mit einem Zitat in der Eingangshalle verewigt: „Kultur ist jeder zweite Herzschlag unseres Lebens.“

Heute finden in den großen Räumen des Alten Rathauses und des Zwischenbaus Ausstellungen statt. Im Knobelsdorffhaus nebenan sind die Büros des Kulturhauses, der Kulturfeste in Brandenburg, des Kleist-Klubs und des Verbandes deutscher Schriftsteller (VS) untergebracht.

PALAIS AM FESTUNGSGRABEN

→ Am Festungsgraben 1/2, 10117 Berlin (Mitte)
☎ 030 / 20 31 90
S Hackescher Markt, Friedrichstraße U Hausvogteiplatz, Friedrichstraße Tram 1, 13 Bus 100, 157, 348

Sotheby's: ☎ 030 / 204 41 19, 201 05 21; **theater im palais:** ☎ 030 / 282 83 59, **Interclub** ☎ 030 / 20319-231/224

Das dreigeschossige, klassizistische Palais liegt etwas versteckt hinter der *Neuen Wache.* Mit seinen historischen Sälen ist es einer der elegantesten Veranstaltungsorte für kleinere Tagungen, Konzertabende und Gala-Diners.

Im Kern ist das Palais ein friderizianischer Barockbau. Ursprünglich war das 1751-53 erbaute Haus des Kammerdieners Johann Gottfried Donner eine Nobelherberge für Staatsdiener und Unterkunft einer Schauspieltruppe; später kam hier die Generalakzise- und Zolladministration unter, ab 1787 die preußische Finanzverwaltung. Als deren Leiter amtierte 1804-07 Heinrich Friedrich Karl Reichsfreiherr vom und zum Stein, der entscheidenden Anteil an der Reform und Modernisierung Preußens nach der Befreiung von Napoleon hatte.

Heinrich Bürde und Hermann von der Hude gestalteten 1861-64 den Bau in Anlehnung an die Schinkel-Schule um. Auffälligstes Merkmal des dabei zugleich erweiterten, nunmehr dreigeschossigen Baus sind das Konsolgesims, die Balustrade und der Säulenportikus mit darüberliegendem Balkon in der Mitte der Hauptfassade.

Den II. Weltkrieg überstand das Gebäude relativ unversehrt. Danach nahm es die sowjetische Besatzungsmacht in Beschlag, eröffnete 1947 das „Haus der Kultur der Sowjetunion" und übergab das Haus drei Jahre später an die Regierung der DDR, die es der „Gesellschaft für Deutsch-Sowjetische Freundschaft" überließ. Seit dem Fall der Mauer residieren hier das britische Auktionshaus *Sotheby's* und das kleine *theater im palais*, das sich in der Pflege der Berliner Salonkultur des 18. und 19. Jahrhunderts versucht. Eine noch aus DDR-Zeiten stammende Einrichtung ist die *Tadshikische Teestube* im ersten Stock. Geschnitzte Pfeiler aus Sandelholz, bunte Sitzkissen und Ölbilder mit Märchen aus Tausendundeiner Nacht sowie Teespezialitäten aus aller Welt lassen orientalische Stimmung aufkommen.

PALAIS BÜLOW

Luisenstraße 18, 10115 Berlin (Mitte)
S Friedrichstraße U Friedrichstraße, Oranienburger Tor
Bus 147, 348

Das Palais Bülow ist ein respektables Berliner Stadtpalais aus der Schinkelzeit mit einer etwas undurchsichtigen Geschichte, was seine Namensgebung angeht. Nicht exakt bestimmt werden kann das Baujahr des vermutlich in den 30er Jahren des 19. Jahrhunderts errichteten Hauses. Gesichert ist hingegen, daß Bernhard Ernst von Bülow, 1873-79 Staatssekretär im *Auswärtigen Amt*, im Nebenhaus, Luisenstraße 19, wohnte. Weshalb dann allerdings die Luisenstraße 18 als Palais Bülow firmiert, ist bis dato ein nicht gelöstes Rätsel.

Dessen ungeachtet präsentiert sich dem Betrachter ein eindrucksvoller Bau. Neun Fensterachsen Breite, eine durch Gesimsbänder gegliederte Fassade und eine Durchfahrt in der Mittelachse mit einem eingeschossigen Erker darüber charakterisieren das Palais. Ebenfalls bemerkenswert ist das weit ausladende Konsolengesims unter dem Satteldach. Im Innern hat sich ein Teil der Raumausstattung aus der Zeit um 1870 erhalten, so das Kamin- und das Marmorzimmer sowie ein getäfelter Saal mit Kassettendecke. 1946 entstand hier ein berühmter, von sowjetischen Kulturoffizieren gegründeter Künstlerklub „Die Möwe", der noch heute – inzwischen in veränderter Trägerschaft – hier sein Domizil hat.

PALAIS LICHTENAU

➔ Behlertstraße 31, 14469 Potsdam
Tram 92, 95 Bus 604, 609, 638, 695

Das am Südrand des *Neuen Gartens* (> SCHLOSS CECILIENHOF) gelegene Palais Lichtenau gilt als eines der am besten erhaltenen Beispiele des Frühklassizismus in Brandenburg. Es entstand 1796/97 nach Plänen des Baumeisters Michael Philipp Boumann unter Mitwirkung von Carl Gotthard Langhans. Über einem stark dimensionierten Souterrain steht ein eingeschossiger Putzbau mit steilem Mansardendach. Die Hauptfront zur Straße hin charakterisiert ein übergiebelter Mittelrisalit mit allegorischem Relief.

Im Innern sind fünf Räume in Originalausstattung erhalten. Besonders bemerkenswert sind der Fest- und Speisesaal, ausgeführt von Johann Carl Wilhelm Rosenberg nach einem Entwurf von Langhans. Dekorative Wand- und Deckenmalereien sowie ovale Wandgemälde und Statuen geben einen Eindruck von der höfischen Lebensweise des 18. Jahrhunderts. Bemerkenswert sind ferner das ovale Kabinett und das Rosenholzzimmer mit geschnitzten Supraporten.

Benannt ist das Palais nach Wilhelmine Enke, der späteren Gräfin Lichtenau. Sie war die Gemahlin des Kämmerers Ritz und zugleich die Geliebte Friedrich Wilhelms II., alias der „dicke Wilhelm". Ihr ließ der Monarch das Palais errichten.

PALAIS SCHWERIN

➔ Molkenmarkt 3, 10179 Berlin (Mitte)
U Klosterstraße Bus 142, 257

Wer heute den stark befahrenen Mühlendamm zu überqueren versucht, der wird kaum glauben, daß sich hier einst der Molkenmarkt und eine respektable bürgerliche Wohnbebauung befand. Das südlich des *Nikolaiviertel* gelegene Palais Schwerin ist eines der letzten Zeugnisse dieser untergegangenen Kultur.

Errichtet wurde der dreigeschossige Putzbau mit sieben Achsen 1704 für den Geheimen Staatsrat Otto Graf von Schwerin wahrscheinlich von Jean de Bodt. Die Fassade mit barocken Anklängen zieren Wappen und allegorische Figuren. 1765 erwarb der Staat das Palais, nutzte es 1794-1889 als Sitz der Berliner Polizeiverwaltung und vermietete es danach. Beim 1936 begonnenen Neubau der *Münze* wurde das Haus zurückversetzt und beiderseits um je fünf Achsen erweitert. Zur Verschönerung der Innenausstattung baute man während dieses Umbaus mehrere Stuckdecken aus abgerissenen Bürgerhäusern und eine Treppe aus der Zeit um 1700 ein. Nach dem II. Weltkrieg, den das Palais unbeschadet überstand, nutzte die Münz-Prägeanstalt das Haus, bis es – wie das Gebäude der Münze selbst – 1951 der Staatlichen Kommission für Kunstangelegenheiten der DDR überlassen wurde. 1954 bezog das Ministerium für Kultur dort seinen Hauptsitz. Seit der Vereinigung befindet sich der Gebäudekomplex im Besitz des Bundes.

PRINZ-HEINRICH-PALAIS

➔ Unter den Linden 6, 10117 Berlin (Mitte) ✆ 030 / 209 30
S Hackescher Markt, Friedrichstraße U Hausvogteiplatz, Friedrichstraße Tram 1, 13 Bus 100, 157, 266, 348

Das U-förmig angelegte Palais ließ Friedrich II. Mitte des 18. Jahrhunderts als Berliner Stadtresidenz für seinen Bruder Prinz Heinrich errichten. Der dreigeschossige Bau mit drei Flügeln entstand 1748-56 durch den Baumeister Johann Boumann den Älteren, wobei Entwürfe von Georg Wenzeslaus von Knobelsdorff und Skizzen Friedrichs II. Verwendung fanden. Da die Bauarbeiten im Siebenjährigen Krieg unterbrochen werden mußten, konnte das Palais, insbesondere der Innenausbau, erst 1766 abgeschlossen werden. Der Mittelbau des Palais hat 17 Achsen, die Seitenflügel je elf und die beiden sogenannten Kopfbauten je sieben

Achsen. Zur Straße hin schließt ein schmiedeeisernes Rokokogitter das Anwesen mit seinem Ehrenhof ab.

1802 starb Prinz Heinrich, und der Bau wurde 1809 von Friedrich Wilhelm III. der neu gegründeten Berliner Universität übereignet, die sich ab 1828 nach dem Monarchen benannte. In den folgenden Jahren kam es zu mehreren Umgestaltungen des Palais, bevor es 1913-20 erheblich vergrößert wurde, so daß es nun mit H-förmigem Grundriß bis zur Dorotheenstraße reichte. Im II. Weltkrieg stark beschädigt, nutzte man das Palais zwar schon ab Herbst 1945 wieder für Vorlesungen, die äußere Wiederherstellung sowie eine erneute Umgestaltung des Innenbaus dauerten aber bis in die 60er Jahre an.

Mehrere Standbilder erinnern an berühmte Förderer der *Humboldt-Universität*: In Ausbuchtungen des Zauns stehen die 5 m hohen Marmor-Statuen der Gründungsväter der Friedrich-Wilhelm-Universität: links vom Eingang die von Paul Otto geschaffene *Wilhelm-von-Humboldt-Statue*, rechts Reinhold Begas' *Denkmal Alexander von Humboldts*. Das an den berühmten Physiker und Physiologen erinnernde *Hermann-von-Helmholtz-Standbild* ist eine Arbeit des Bildhauers Ernst Herter. Ursprünglich auf dem Ehrenhof aufgestellt, befindet es sich heute vor dem Westflügel. Das heute wieder im Hof des Palais befindliche *Denkmal des Historikers Theodor Mommsen* entfernten die Nationalsozialisten in den 30er Jahren. Nachdem es seit 1945 an einem unauffälligen Standort in der Universitätsstraße ausharren mußte, wurde es 1991 wieder an der ihm gebührenden Stelle plaziert.

PRINZESSINNENPALAIS

➔ Unter den Linden 5, 10117 Berlin (Mitte)
✆ 030 / 200 22 69
S Hackescher Markt, Friedrichstraße U Hausvogteiplatz, Friedrichstraße Tram 1, 13 Bus 100, 157, 348

Das Prinzessinnenpalais ist heute eine Rekonstruktion des im II. Weltkrieg völlig zerstörten Originalgebäudes (1963/64 durch Richard Paulik und K. Kroll). Es beherbergt das *Operncafé*, eine der wenigen gastronomischen Einrichtungen an der Straße Unter den Linden.

Für einige Zeit schien die Zukunft der Cafés und Restaurants sogar gefährdet. *Bundespräsident* Richard von Weizsäcker dachte öffentlich darüber nach, das benachbarte > KRONPRINZENPALAIS als Amtssitz zu nutzen und „aus Sicherheitsgründen" auch das Opernpalais anzumieten. Präsidiale Weitsicht ließ diese Idee allerdings bald zu den Akten legen.

Das Anwesen bestand ursprünglich aus zwei Wohnhäusern, die 1733-37 miteinander verbunden wurden (Friedrich Wilhelm Diterichs). 1810/11 ließ Friedrich Wilhelm III. das Gebäude für seine drei Töchter durch den klassizistischen Kopfbau an der Schmalseite und die Brückenverbindung zum Kronprinzenpalais ergänzen. Mit dem Einzug der jungen Damen bürgerte sich der Name Prinzessinnenpalais für das Gebäude ein.

SIEMENS-VILLA

➔ Heine-Weg, 14476 Neu-Fahrland
Bus 138, 604, 609, 617, 650

Die nach ihrem Bauherrn Carl Friedrich von Siemens benannte Villa in Neu-Fahrland liegt auf der Landzunge Stinthorn am *Lehnitzsee,* der ein paar Kilometer weiter südlich über den *Jungfernsee* mit der *Havel* verbunden ist.

Der Industrielle hatte das Gelände 1908 von der königlichen Forstverwaltung erworben und sich ein großes Haus im damals beliebten englischen Landhausstil von dem Architekten Otto March erbauen lassen. Die typischen Kaminaufsätze und großen Sprossenfenster-Türen, die sich im Erdgeschoß auf eine weitläufige Terrasse öffnen, zählen zu den schönsten und auffälligsten Details der Villa. Bemerkenswert im Innern die aufwendige Holztäfelung der Diele und des

Treppenhauses, angeblich ein Geschenk der englischen Königin.

In dem 16 ha großen Park mit reichem und zum Teil über 200 Jahre alten Baumbestand wurde 1944 ein Gebäude mit dem irreführenden Namen „Waldhaus" errichtet. Tatsächlich fand hier rüstungsbezogene Forschung statt.

Nach Kriegsende übernahm das sowjetische Militär die Villa und nutzte sie als Lazarett, bis 1952 das Heinrich-Heine-Klinikum das Gebäude bezog. Nach dem Zusammenbruch der DDR 1989/90 meldete die Siemens AG ihre Ansprüche auf das Anwesen an. Beide Seiten einigten sich schließlich darauf, daß das Klinikum im Park einen Neubau erhält, während die Villa zum Konferenzhaus für internationale Management-Tagungen umgebaut wurde.

VILLA BORSIG

➔ Halbinsel Reiherwerder, 13505 Berlin (Reinickendorf)
Bus 133, 222

Die auf der Halbinsel *Reiherwerder* im nördlichen Teil des *Tegeler Sees* gelegene Villa ist das ehemalige Landhaus der großen Berliner Unternehmerfamilie Borsig. Ernst von Borsig, der Enkel des Firmengründers, hatte sie 1911-13 nach Entwürfen der Architekten Alfred Salinger und Eugen Schmohl für sich und seinen Bruder Konrad errichten lassen. Als architektonisches Vorbild diente auf Wunsch des Bauherrn das Schloß > Sanssouci, und sowohl der überkuppelte, halbrunde Vorbau als auch die seitliche Säulenhalle ahmen das Schloß nach.

Im Herbst 1937 verkauften die Borsigs das gesamte Gebäude an das Deutsche Reich, und die Villa war bis zum Ende des II. Weltkriegs Sitz der Reichsfinanzakademie. Nach Kriegsende ging das südöstlich des

> Schloss Tegel gelegene Anwesen in Bundesbesitz über, bevor 1960 die renommierte *Deutschen Stiftung für internationale Entwicklung (DSE)* einzog, die das Haus seither als Stätte für Aus- und Fortbildungsseminare von Führungskräften aus Entwicklungsländern nutzt. 1977 entstand auf dem Areal ein neues Gästehaus, das sich architektonisch in das landschaftsgärtnerisch gepflegte Gelände einfügt.

Heute verfügt die Villa über 25 Zimmer, eine holzgetäfelte Bibliothek, Konferenzräume und einen großen Speisesaal. Da mit dem Umzug der Regierung von Bonn nach Berlin die Stiftung nach Bonn verlegt werden soll, ist geplant, die Villa Borsig für repräsentative Zwecke der *Bundesregierung* zu nutzen.

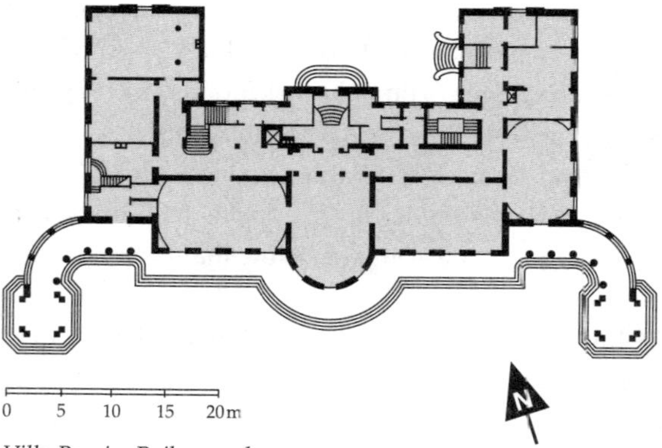

Villa Borsig, Reiherwerder

VILLA GRISEBACH

➔ Fasanenstraße 25, 10719 Berlin (Charlottenburg)
U Uhlandstraße Bus 109, 119, 129, 219, 229
Käthe-Kollwitz-Museum: Mi-Mo 11-18 Uhr DM 6,-
030 / 882 52 10
Literaturhaus Berlin: 030 / 882 65 52/3/4

In der Berliner Fasanenstraße animieren zunächst die Schaufenster der Edelboutiquen zum Schlendern und Stehenbleiben. Vornehmlich italienische und französische Couturiers bieten in einer der elegantesten, lärmgedämpften Seitenstraßen des Kurfürstendamms ihre Kreationen an. Hier ist der Geist des alten „Neuen Westens" noch lebendig. Ganz im Zeichen seiner Zeit ließ der Architekt Hans Grisebach, der auch am Bau des U-Bahnhofs Schlesisches Tor mitwirkte, sich in der Fasanenstraße 1891/92 nach eigenen Entwürfen einen ebenso vornehmen wie hochherrschaftlichen Stadtsitz errichten. Als typische Gründerzeitvilla mit reich gegliederter und geschmückter Fassade repräsentiert der dreigeschossige Bau deutlich das Selbstbewußtsein des Bürgertums gegen Ende des 19. Jahrhunderts. Seit 1986 ist die Villa Grisebach das Domizil der Galerie Pels-Leusden, die Kunst des 19. und 20. Jahrhunderts ausstellt und – als Mitglied einer Auktionsgesellschaft – auch versteigert.

Die anliegenden Häuser, deren Fronten wir bereits abgeschritten haben, entstanden ebenso nach Grisebachs Plänen und werden in ihrer Gesamtheit als *Wintergarten-Ensemble* bezeichnet. Heute sind in den benachbarten, durch einen *Skulpturengarten* miteinander verbundenen Villen das *Käthe-Kollwitz-Museum* und das *Literaturhaus Berlin* untergebracht. Zeigt ersteres eine exzellente Sammlung mit Werken der Berliner Künstlerin, so bietet letzteres ein anspruchsvolles, bisweilen elitäres Literaturprogramm und gelegentlich auch vorzügliche Ausstellungen. Der Besuch ist in beiden Fällen jedem ans Herz zu legen.

Eine Oase ist im Sommer der Garten. Eine Zeitung, Milchkaffee oder Bier sowie ein Imbiß aus dem Café des Literaturhauses – und die Entspannung vom Verkehrs- und Einkaufstrubel ist perfekt. Wem dann noch die passende Literatur zum Ambiente fehlt, dem sei ein Besuch in der vorzüglich sortierten Buchhandlung im Keller des Literaturhauses wärmstens empfohlen.

VILLA LEMM

→ Rothenbücherweg, 14089 Berlin (Spandau)
Bus 134, 434

Keine Berliner Villa war in den vergangenen Jahren so häufig in den Schlagzeilen wie die Villa Lemm. Das allerdings hat weniger mit ihrem architektonischen Reiz zu tun, als mit dem Tauziehen um das attraktive Anwesen. Das wiederum wird dem Bauwerk, das auf eine höchst respektable Vergangenheit zurückblickt, kaum gerecht.

1907/08 wurde die Villa Lemm nach Plänen des Berliner Architekten Max Werner im Stil eines englischen Landhauses für den Schuhcremefabrikanten Otto Lemm erbaut. Sie verfügte über einen beachtlichen Parkgarten mit Pavillons, Gewächshäusern, einem Tennisplatz, einer Kegelbahn sowie einem Terrassengarten. Nach Lemms Tod 1928 erwarb der aus Ungarn stammende jüdische Arzt Janos Plesch das Anwesen. Bis zu seiner Emigration 1933 war die Villa ein Ort der Begegnung bekannter Berliner Persönlichkeiten aus Wissenschaft und Kultur. Albert Einstein etwa, ein enger Freund Pleschs, wohnte hier gerne, wenn er in seiner Stadtwohnung im Bayerischen Viertel nicht ausreichend Ruhe für seine Forschungen finden konnte.

Der 1933 von der Stadt Berlin übernommene Besitz wurde nach dem Kriege beschlagnahmt und diente fortan dem britischen Stadtkommandanten als Residenz. Nach Ende des Vier-Mächte-Status gelangte die Villa wieder in den Besitz des Landes, das aber die Immobilie nicht zu nutzen wußte. Seit 1991 stand das Haus leer, Wasserrohrbrüche und ähnliches setzten der Bausubstanz zu. Schließlich verkaufte der Senat 1995 das 23.632 m^2 große Anwesen für rund 11 Mio. DM (nur die Hälfte dessen, was man erzielen wollte) an einen Unternehmer aus der Gebäudereinigungsbranche.

VILLA MANGERSTRASSE

➔ Mangerstraße 23-26, 14467 Potsdam
Tram 93 Bus 604, 609, 638

Der palastartige Villenkomplex direkt gegenüber dem *Heiligen See* (> SCHLOSS CECILIENHOF) zählt zu den prächtigsten Beispielen Potsdamer Gründerzeitarchitektur. Das mächtige dreigeschossige Anwesen entstand 1892 durch Hofmaurermeister Ernst Petzholtz, der auch an der Errichtung der > VILLA QUISTORP beteiligt war. Risalite, Ecktürmchen, Giebel und Belvedereaufbauten sowie eine Vielzahl weiterer dekorativer Stilelemente gliedern den Bau und lockern ihn plastisch auf. Auch an reich verzierten Girlanden und Borten wurde nicht gespart. Besonders auffällig ist die weithin sichtbare, auf Säulen ruhende Rundkuppel mit einer sie bekrönenden Figur.

Wer das Haus genauer betrachtet, wird die für den Eklektizismus typische Vermischung verschiedener Stilelemente beobachten: Während die eine Haushälfte sehr stark neogotische Tendenzen mit der Vorliebe für Spitzbogenfenster zeigt, schöpft die andere Fassadenhälfte aus dem Formenreichtum des Klassizismus. Schmuckstücke sind hier die „Karyatiden", fein gearbeitete Statuen, die die Balkone des zweiten Obergeschosses tragen. Der Villenkomplex in der Mangerstraße mit seinen imponierenden Fassaden zeugt noch heute vom Selbstbewußtsein und Optimismus des Bürgertums im ausgehenden 19. Jahrhundert.

VILLA MÜLLER-GROTE

Karl-Marx-Straße 2, 14482 Babelsberg
S Griebnitzsee Tram 94, 95 Bus 691, 696, 969

Wenige Schritte vom S-Bahnhof Griebnitzsee entfernt, findet sich eines der geschichtsträchtigsten Gebäude von Babelsberg, vornehmlich bekannt unter dem Namen *Little White House*. In der Zeit, in der in > SCHLOSS CECILIENHOF die *Potsdamer Konferenz* tagte, residierte hier im Juli und August 1945 der amerikanische Präsident Harry S. Truman. Im Little White House übte er die amerikanischen Amtsgeschäfte aus, hier gab er unter anderem den Befehl zum Abwurf der Atombomben auf Hiroshima und Nagasaki im August 1945, und hier empfing er Stalin und Churchill. Erbaut hatten das großzügige Anwesen die Architekten Karl von Großheim und Heinrich Kayser 1891 für den Verleger Carl Müller-Grote. Die geräumige Empfangshalle und das repräsentative Innere schufen das Ambiente für einen Treffpunkt erster Klasse. In den 20er Jahren wohnten in der Umgebung zahlreiche Prominente; Heinz Rühmann hatte hier seine Villa, Brigitte Horney und Gustav Lilienthal, der Bruder des 1896 abgestürzten Flugpioniers (> LILIENTHAL-PARK). Heute bemüht sich ein Verein darum, das Haus für die Öffentlichkeit zu erhalten und für Seminare und Konferenzen zu nutzen. Immerhin veranstaltete man hier anläßlich des 50. Jahrestages der Potsdamer Konferenz ein Symposium zum Thema „Blick auf Potsdam – 50 Jahre später" mit deutschen und amerikanischen Wissenschaftlern.

VILLA QUISTORP

→ Hegelallee 1 / Ecke Friedrich-Ebert-Straße, 14467 Potsdam
Tram 92, 95 Bus 604, 609, 638, 695

Direkt gegenüber dem *Holländischen Viertel* in Potsdam steht die Villa Quistorp, ein gut erhaltenes Beispiel für repräsentative Villenarchitektur im letzten Drittel des 19. Jahrhunderts. Die 1872 von den Brüdern Petzholtz errichtete Villa ist ein wohlproportionierter spätklassizistischer Putzbau. (> VILLA MANGERSTRASSE) Eine klare Gliederung und geschickt eingesetzte Verzierungen kennzeichnen das Haus. Präsentiert sich das Erdgeschoß weitgehend schmucklos, so fallen am Obergeschoß vor allem die reichverzierten Rundbogenfenster ins Auge. Bemerkenswert ist der runde Balkonerker mit seinem aufwendigen schmiedeeisernen Geländer. Die Besonderheit des Hauses ist der asymmetrisch plazierte Turm. Dieses „Belvedere" überragt die übrige Villa um eine ganze Geschoßhöhe. Beachtenswert sind vor allem die „Karyatiden". Auf den Häuptern der anmutigen Statuen ruht das Dachgebälk des von einem Gesims bekrönten Turms. Dieses Stilelement geht zurück auf den im 16. Jahrhundert wirkenden italienischen Baumeister Andrea Palladio, der wiederum stark von der griechischen und römischen Antike beeinflußt war. Der preußische Traum von Spree-Athen mit seiner alten Sehnsucht nach Arkadien hat hier einen irritierenden und doch zugleich überzeugenden baulichen Ausdruck gefunden.

VILLA VON DER HEYDT

➔ Reichpietschufer, 10785 Berlin (Tiergarten)
Bus 100, 129, 187, 341

Die Villa von der Heydt liegt am Ufer des *Landwehrkanals* in Höhe der Klingelhöferstraße, nahe des alten *Diplomatenviertels*. Was heute sofort ins Auge fällt, ist ihre geradezu absurde Lage: Wie auf einer Insel thront das Gebäude, umgeben von brausendem Straßenverkehr. Das benachbarte *Bauhaus-Archiv* bildet einen kräftigen architektonischen Kontrast zur Villa von der Heydt, der allerdings nicht ohne Reiz für den Betrachter ist.

Das spätklassizistische Palais entstand 1860-62 nach Plänen von Hermann Ende und G. A. Linke im Auftrag des preußischen Handelsministers August von der Heydt, einem der führenden Liberalen im Preußischen Landtag. Mit dem Begriff „spätklassizistisch“ ist der

Bau allerdings nur halb zutreffend beschrieben. Passender ist seine ironische Charakterisierung als „schinkel-griechisch" durch Julius Posener. Am deutlichsten ist der Versuch, griechische und Renaissance-Elemente zu mischen, am Portikus der Ostseite zu sehen. Die vorgebaute Halle mit ihren vier ionischen Säulen erinnert deutlich an den großen preußischen Baumeister.

Nach von der Heydts Tod beherbergte das Haus 1874-90 die chinesische Gesandschaft. Aus dieser Zeit stammt ein humorvoller Bericht Theodor Fontanes von seinem Besuch „in China". Es folgten mehrere Besitzerwechsel, 1937 ging die Villa schließlich in Reichsbesitz über und diente dem Chef der Reichskanzlei als Wohnung. Im II. Weltkrieg fast vollständig zerstört, stellte der Senat die Ruine 1966 unter Denkmalschutz, um sie so vor dem endgültigen Verfall zu retten. Die Rekonstruktion erfolgte 1977-80; seitdem ist die Villa Sitz des Präsidenten der *Stiftung Preußischer Kulturbesitz (SPK).*

VILLA VON HACKE

➔ Jägerallee 1, 14496 Potsdam
S Potsdam Stadt Tram 91, 92, 94, 95 Bus 604, 609, 638, 692, 697

Direkt an dem 1733 im Zuge der zweiten barocken Stadterweiterung auf Geheiß Friedrich Wilhelms I. erbauten *Jägertor* mit hirschgeschmückter Attika, das ursprünglich den Weg zur stadtauswärts gelegenen *Fasanerie* (dem *Jägerhof*) wies, steht die bemerkenswerte Villa von Hacke. Baumeister Ferdinand von Arnim, der unter anderem den Klosterhof in > KLEIN GLIENICKE errichtete und an der Gestaltung der *Friedenskirche* in > SANSSOUCCI beteiligt war, erbaute sie 1847.

Die zweiflügelige Villa fällt vor allem durch einen turmartigen Vorbau auf, der mit Terrakotta verkleidet ist. Weitere Merkmale sind eine den Vorbau umfassende halbrunde Terrasse mit Pergola sowie zwei überdachte Balkone mit schmiedeeisernen Verzierungen. Am zur Hegelalle gelegenen Flügel führt eine Treppe von einer hübschen Veranda in den Garten.

Heute steht dieser prachtvolle Bau leer, und der Garten befindet sich in einem trostlosen Zustand. Nur die bemalte Mauer zum Nachbargrundstück in der Jägerallee deutet auf eine frühere Nutzung als Kindertagesstätte hin.

SERVICE

BRANDENBURGISCHE SCHLÖSSER UND HERRENHÄUSER GEMEINNÜTZIGE BETRIEBS-GMBH

Geschäftsstelle: Lindenstraße 34 A, 14467 Potsdam ✆ 0331 / 280 09 02, Fax: 0331 / 280 09 04

Die GmbH wurde am 9. Dezember 1992 in Potsdam konstituiert. Gesellschafter sind zu gleichen Teilen die *Deutsche Stiftung Denkmalschutz* in Bonn und das Land Brandenburg. Für die Sanierung der Schlösser stellen die Gesellschafter jährlich insgesamt 10 Mio. DM zur Verfügung. Seit Anfang 1993 befindet sich die Geschäftsstelle in einem ehemaligen Militärwaisenhaus. Dort wurde gleichzeitig die Außenstelle der Deutschen Stiftung Denkmalschutz eingerichtet.

EINTRITTSPREISE

Die Eintrittspreise für Erwachsene in die Schlösser, Parks und Gärten sind in den jeweiligen Texten angegeben. Sie liegen zwischen DM 1,- und DM 10,- und verstehen sich in der Regel ohne Führung, für die fast immer gesonderte, etwas höhere Gebühren erhoben werden. Die meisten Einrichtungen bieten Ermäßigungen von ca. 30–50% für Kinder, Rentner und andere Gruppen. Bei größeren Ensembles mit mehreren Häusern werden vielfach Sammel- oder Kombikarten angeboten. Empfehlenswert ist die Familienkarte der > STIFTUNG PREUSSISCHE SCHLÖSSER UND GÄRTEN BERLIN-BRANDENBURG für DM 25,- – und Schlösserfans weisen wir auf die Jahreskarte hin, die für 12 Monate zum Besuch aller Schlösser der Stiftung berechtigt und für DM 80,- zu erstehen ist.

FREMDENVERKEHRSBÜROS UND LOKALE INFORMATIONSSTELLEN

Berlin Tourismus Marketing GmbH, Am Karlsbad 11, 10785 Berlin ✆ 030 / 25 00 25

Büro für Fremdenverkehr, Prenzlauer Chaussee 157, 16348 Wandlitz ✆ 033397 / 66 31

Eberswalder Fremdenverkehrsinformation im Pavillon am Markt, 16225 Eberswalde ✆ 03334 / 231 68

Fremdenverkehrsbüro Cottbus-Information, Karl-Marx-Straße 68, 03044 Cottbus ✆ 0355/24 254

Fremdenverkehrsbüro Erkner, Fangschleusenstraße 1b, 15537 Erkner ✆ 03362 / 7 59 33

Fremdenverkehrsbüro Groß-Schönebeck, Dorfstraße 32 a, 16348 Ruhlsdof ✆ 033395 / 419

Fremdenverkehrsamt Brandenburg e.V., Sprengelstraße 1, 14779 Brandenburg ✆ 03381 / 30 09 69

Fremdenverkehrsamt Neuruppin, August-Bebel-Straße 15, 16816 Neuruppin ✆ 03391/2345

Fremdenverkehrsamt Senftenberg, Kirchplatz 18, 01968 Senftenberg ✆ 03573 / 79 63 18

Fremdenverkehrsstelle Seelow, Puschkinplatz 13, 15306 Seelow ✆ 03346 / 85 02 63 oder 85 02 30

Fremdenverkehrs- und Kulturverein Prignitz e.V., Im Birkengrund, 19336 Bad Wilsnack ✆ 038791 / 320 66

Fremdenverkehrsverband Königs Wusterhausen, Am Nottekanal, 15711 Königs Wusterhausen ✆ 03375 / 29 12 69

Fremdenverkehrsverein Bernau e.V., Am Marktplatz 2, 16321 Bernau ✆ 03338 / 3653 86-89

Fremdenverkehrsverein Forst e.V., Promenade 9, 03149 Forst Lausitz ✆ 03562 / 98 93 27

Fremdenverkehrsverein Kreis Luckau Niederlausitz e.V., Lindenstraße 5, 15926 Luckau ✆ 03544 / 30 50
Fremdenverkehrsverein Lübbenau und Umgebung, Ehm-Welk-Straße 15, 03222 Lübbenau ✆ 03542 / 36 68
Fremdenverkehrsverein Märkische Tourismus-Zentrale e.V., Bahnhofstraße 34, 15848 Beeskow ✆ 03366 / 2 29 49
Fremdenverkehrsverein „Rheinsberger Seenplatte", Rheinsberger Straße 14, 16831 Zechlinerhütte ✆ 033921 / 217
Fremdenverkehrsverein Ostprignitz für Kyritz und Umgebung, Bahnhofstraße 5, 16866 Kyritz ✆ 033971 / 523 31
Fremdenverkehrsverein Schlaubetal und Umgebung e.V., Kietz 5, 15299 Müllrose ✆ 033606 / 6 67
Fremdenverkehrsverein Schwielowsee, Lindenstraße 56, 14548 Caputh ✆ 033209 / 7 08 86
Gesellschaft zur Erforschung und Förderung der märkischen Eiszeitstraße e.V., Georg-Friedrich-Hegel-Straße 10, 16225 Eberswalde ✆ 03334 / 2 25 64
Kur- und Fremdenverkehrsverein Scharmützelsee e.V., Hauptstraße 2, 15864 Wendisch Rietz ✆ 033679 / 50 45
Landesfremdenverkehrsverband Brandenburg e.V., Schlaatzweg 1, 14473 Potsdam ✆ 0331 / 27 52 80
Landratsamt Jüterbog, Am Dammtor 16, 14913 Jüterbog ✆ 03372 / 41 4-0
Landratsamt Nauen, Wirtschaftsförderung Tourismus, Goethestraße 59/60, 14641 Nauen ✆ 03321 / 40 31 43
Oberbarnim Information Kulturverwaltung, Karl-Marx-Straße 25, 16259 Bad Freienwalde ✆ 03344 / 34 02
Potsdam-Information, Friedrich-Ebert-Straße 5, 14467 Potsdam ✆ 0331 / 27 55 80
Prignitzer Fremdenverkehrsverein, Havelbergerstraße 48, 16928 Pritzwalk ✆ 03395 / 30 26 71

Regionalverband Brandenburg-Nord (Prignitz, Ruppiner Land, Uckermark), Fremdenverkehrsbüro Wittstock, Markt 1, 16909 Wittstock ✆ 03394 / 43 34 42

Regionaler Fremdenverkehrsverband Ostbrandenburg, Karl-Marx-Straße 8 A, 15230 Frankfurt/Oder ✆ 0335 / 32 52 16

Regionaler Fremdenverkehrsverband Brandenburg-Süd, Bahnhofstraße 69, 03046 Cottbus ✆ 0355 / 70 07 27

Regionalverband Potsdam-Brandenburgische Mittelmark, August-Bier-Straße 9, 14482 Potsdam ✆ 0331 / 747 57 76

Senftenberg-Information, Markt 19, 01968 Senftenberg ✆ 03573 / 21 70

Stadt Bernau Fremdenverkehrsamt, Marktplatz 2, 16321 Bernau ✆ 03338 / 36 53 88

Stadtinformation Oderberg, Berliner Straße 89, 16248 Oderberg ✆ 033369 / 202

Touristik-Verband Kreis Oberhavel, Am Bahnhof, 16798 Fürstenberg / Havel ✆ 033093 / 22 54

Touristinformation Strausberg, August-Bebel-Straße 55, 15344 Strausberg ✆ 03341 / 31 10 66

Tourismusverein Märkische Schweiz e.V., Wriezener Straße 1A, 15377 Buckow ✆ 033433 / 5 75 00

Tourismusverein Strausberg-Eggersdorfer Wald- und Seengebiet e.V., Hotel am Stadtforst, Hennigendorfer Chaussee 18-20, 15344 Strausberg ✆ 03341 / 42 21 03

Umwelt- / Fremdenverkehrsamt Märkische Schweiz, Wriezener Straße 1a, 15377 Buckow (Märkische Schweiz) ✆ 033433 / 575 00 / 659 81

Verkehrsverein Ruppiner Land, August-Bebel-Straße 15, 16816 Neuruppin ✆ 03391 / 23 45

FÜHRUNGEN, RUNDFAHRTEN UND RUNDGÄNGE

BERLIN

Vorwahl: 030

art:berlin Kunst + Kultur, Motzstraße 9, 10777 Berlin ☎ 215 98 68

BBS - Berliner Bären Stadtrundfahrt GmbH, Abfahrtsstellen: Rankestraße 35, 10789 Berlin und Alexanderplatz, c/o Forum-Hotel, 10178 Berlin ☎ 3519 52 70

Berolina Stadtrundfahrten, Meinekestraße 3, 10719 Berlin ☎ 882 20 91

Knut Erdmann, Stadtrundfahrten auf individuelle Anfrage (4-400 Personen), Rubensstraße 96, 12157 Berlin ☎ 855 74 09

Fahrradstation - Stadtrundfahrten per Fahrrad, Fahrradverleih inbegriffen, Möckernstraße 92, 10963 Berlin ☎ 216 91 77; Gipsstraße 7, 10119 Berlin ☎ 280 86 20

Guide Friday Busoperator GmbH, Stadtrundfahrten, Abfahrtsstelle: Tauentzienstraße / Ecke Nürnberger Straße ☎ 862 23 41

Kaibel & Erdmann OHG, Individuelle Stadtrundfahrten auf Anfrage (Minibusse und Limousinen), Stubenrauchstraße 23a, 12357 Berlin ☎ 661 01 27

Klaus Morawietz, Foto & Design -Fotografische Stadtbegleitung, Postfach 65 08 26, 13308 Berlin ☎ 455 50 07

PANDA TOURS Incoming GmbH, Eiswerderstraße 12, 13585 Berlin ☎ 883 80 38

Parlazzi & Co. - Stadtentdeckungen und Landpartien, Nestorstraße 5, 10711 Berlin ☎ 324 53 50

Klaus Schölzel - Individuelle Stadtführungen, Lübecker Straße 25, 10559 Berlin ☎ 395 97 99

Severin + Kühn, Berliner Stadtrundfahrt, Abfahrtsstelle und Büros: Kurfürstendamm 216, 10719 Berlin 883 10 15

SKIP Stadtrundfahrten, Kurmärkische Straße 12, 10783 Berlin, 262 87 41

StattReisen Berlin e.V., Malplaquetstraße 5, 13347 Berlin 455 30 28

Urania Berlin, An der Urania 17, 10787 Berlin 218 90 91

POTSDAM

Vorwahl: 0331

City Rad Potsdam Fahrradstation, am Bahnhof Potsdam Stadt, 14473 Potsdam 61 90 52 oder 280 05 95

Delphin-Reisen, Lindenstraße 22, 14467 Potsdam 2708952

Andreas Kürbis, Kremser- und Kutschfahrten, Lerchensteig 9, 14469 Potsdam-Nedlitz 280 32 57

Potsdam-Information, Touristenzentrale am Alten Markt, Friedrich-Ebert-Straße 5, 14467 Potsdam 29 11 00 oder 275 58-0; Filiale: Brandenburger Straße 18, 14467 Potsdam 29 30 38

Potsdam-Sanssouci-Express, (Rundfahrten mit historischem Zug), Paul-Neumann-Straße 52, 14482 Potsdam 71 02 85 oder 50 05 08

StattReisen, Hans-Marchwitza-Ring 21, 14473 Potsdam 48 10 30 oder: Malplaquetstraße 5, 13347 Berlin 030 / 394 83 54

Urania-Verein Potsdam, Brandenburger Straße 38, 14467 Potsdam 29 17 41

Weiße Flotte Potsdam GmbH, Holzmarktstraße 6-7, 14467 Potsdam 29 15 27 oder 280 00 31

MUSEUMSJOURNAL

erscheint vierteljährlich, DM 8,- pro Einzelheft, DM 32,- im Jahresabonnement, erhältlich in den Museen, im Buchhandel und im MD, Tel. 030 / 280 51 51, Fax. 030 / 282 61 83
Herausgeber: > MUSEUMSPÄDAGOGISCHER DIENST BERLIN (MD) in Zusammenarbeit mit den Museen des Landes Berlin, den Staatlichen Museen, der Schlösserstiftung sowie den privaten Museen und Sammlungen. Alle drei Monate bringt das MuseumsJournal Berichte aus allen Museen, Schlössern und Sammlungen in Berlin und Brandenburg. Es informiert über Bestand und Neuerwerbungen, Sonderausstellungen und Veranstaltungen, Forschungen und Entdeckungen. Jedes Heft enthält ferner einen ausführlichen Kalender mit einem Überblick über die Sonderausstellungen, Veranstaltungen, Führungen, Adressen, Öffnungszeiten und Fahrverbindungen.

MUSEUMSPÄDAGOGISCHER DIENST BERLIN (MD)

Chausseestraße 123, 10115 Berlin (Mitte) ✆ 030 / 280 51 51
Der 1980 gegründete MD betreut rund 100 Museen und Sammlungen in Berlin, mit Ausnahme der Staatlichen Museen zu Berlin – Preußischer Kulturbesitz, die eine eigene Abteilung Museumspädagogik besitzt. Zu seinen wichtigsten Publikationen zum Thema Schlösser, Parks und Gärten zählen das vierteljährlich erscheinende > MUSEUMSJOURNAL sowie die Reihen *Berlin-Brandenburger Topografien* und die *Berliner Gartenpläne.*

PORTICUS

Porticus, die Zeitschrift für Schlösser und Museen in Brandenburg, ist eine Gemeinschaftsproduktion des Museumsverbandes Brandenburg und der > STIFTUNG PREUSSISCHER SCHLÖSSER UND GÄRTEN BERLIN-BRANDENBURG. Berichtet wird über aktuelle Projekte, Restaurierungsarbeiten, Ausstellungen, Jubiläumsfeiern und neueste Forschungsergebnisse. Hinzu kommen Porträts der großen Bau- und Gartenbaumeister der Vergangenheit.

Porticus erscheint in unregelmäßigen Abständen als Beilage der Märkischen Allgemeinen Zeitung. Für 1996 sind zwei Ausgaben im Mai und September geplant.

STIFTUNG PREUSSISCHE SCHLÖSSER UND GÄRTEN BERLIN-BRANDENBURG

Postfach 601462, 14414 Potsdam; Hausanschrift: Allee nach Sanssouci 5, 14471 Potsdam ☎ 0331 / 96 94-0 / -301, Fax: 0331 / 96 94-108

Besucherzentrum der Stiftung: Postfach 60 14 62, 14414 Potsdam ☎ 0331 / 96 94-200 / -201 / -202 oder ☎ Ansage: 96 94-203 / -204

Anfang 1995 aus den getrennten Schlösserverwaltungen in Potsdam und Berlin hervorgegangen, gehören zu ihr über 150 Schlösser und andere historische Gebäude sowie mehr als 700 ha Parkanlagen aus früherem brandenburgisch-kurfürstlichen und preußisch-königlichen beziehungsweise kaiserlichen Besitz. Dieser Reichtum an Kunst- und Kulturgeschichte wird von der Stiftung gepflegt, restauratorisch, wissenschaftlich betreut und der Öffentlichkeit zugänglich gemacht. Zu den von der Stiftung betreuten Anlagen zählen:

- im Park > SANSSOUCI das Schloß, das *Neues Palais*, das *Chinesisches Haus*, die *Bildergalerie*, die *Neuen Kammern*, die *Orangerie*, das *Drachenhaus*, das *Belvedere Klausberg*, das *Schloß Charlottenhof*, die *Römischen Bäder* und die *Friedenskirche;*
- im *Neuen Garten* einschließlich des *Heiligen Sees* das *Marmorpalais*, die *Orangerie*, die *Meierei*, das > SCHLOSS CECILIENHOF;
- im *Park Babelsberg* das > SCHLOSS BABELSBERG mit dem Küchengebäude, dem *Flatowturm*, der *Gerichtslaube*, dem *Kleinen Schloß*, dem *Dampfmaschinenhaus*, dem *Matrosenhaus* und dem *Havelhaus;*
- weiter in Potsdam: *Schloß und Park Sacrow*, > JAGDSCHLOSS STERN, der ehemalige *Marstall* des > STADTSCHLOSSES, die *Moschee* (Dampfmaschinenhaus), der Kopfbau zum *Langen Stall*, > SCHLOSS LINDSTEDT, *Belvedere* und *Pomonatempel* auf dem *Pfingstberg* und das *Thiemann-Haus;*
- in Berlin: > SCHLOSS CHARLOTTENBURG mit dem *Belvedere, Mausoleum* und *Schinkelpavillon*, das > JAGDSCHLOSS GRUNEWALD, die > PFAUENINSEL, *Schloß Glienicke* in > KLEIN-GLIENICKE und schließlich
- > SCHLOSS RHEINSBERG mit dem zugehörigen Park.

In den verschiedenen Schloßanlagen der Stiftung sind auch andere kulturelle Einrichtungen als Mieter angesiedelt, so die *KURT TUCHOLSKY-Gedenkstätte* in

Schloß Rheinsberg oder die *Galerie der Romantik* im Schloß Charlottenburg.

Die Stiftung finanziert sich durch Zuwendungen der Länder Brandenburg und Berlin, des Bundes und durch eigene Einnahmen. Die prozentualen Anteile der Zuwendungsgeber am Haushalt der Stiftung betragen 43% Brandenburg, 37% Bund und 20% Berlin.

Die Stiftung wird vom Generaldirektor geleitet und gliedert sich in die Abteilungen Generalverwaltung, Schlösser, Gärten, Bau, Restaurierung und Museumspädagogik/Besucherbetreuung.

AUTORINNEN

Sabine Huth entdeckte ihr Interesse an Berlin-Themen während der Arbeiten am Berlin Handbuch, wo sie auch Cordula Rinsche kennenlernte. Nach Mauerfall und Diplomarbeit (zur Einheit Berlins) betreute sie an der Landeszentrale für politische Bildungsarbeit u.a. Eigenpublikationen zur internationalen Politik. Seit 1994 ist sie Redakteurin im Berliner Presseverlag Plötz und dort verantwortlich für eine bundesweite Städtereport-Reihe, die mit einem Band über Berlin eröffnet wurde.

Cordula Rinsche, Wahlberlinerin mit westfälischen Wurzeln und großer Begeisterung für das „Land um Berlin", arbeitete zunächst für das Berlin Handbuch, um nach ihrer Diplomarbeit (zu Rundfunk in Europa) eine Publikation des Europäischen Zentrums für die Förderung der Berufsbildung redaktionell zu betreuen. Derzeit erstellt sie für das Ministerium für Wissenschaft, Forschung und Kultur des Landes Brandenburg eine Dokumentation zum 50. Jahrestag der Befreiung vom Nationalsozialismus.

Unser Dank gilt den zahlreichen auskunftswilligen Gesprächspartnern, auf die wir bei unserer Recherche immer wieder trafen, dem Verlag, den Freundinnen und Freunden, die ins Grüne gezwungen wurden, und Dieter Ko. für seine Unterstützung.

PERSONENREGISTER

ORTSREGISTER

SACHREGISTER

Die fett gedruckten Begriffe und Seitenzahlen bezeichnen Titel und Auffindungsort der einzelnen Artikel.

BILDNACHWEIS

Umschlaggestaltung unter Verwendung des Gemäldes „Schloß Charlottenburg, Gartenansicht" von Johann Philipp Eduard Gaertner der Stiftung Preußische Schlösser und Gärten Berlin-Brandenburg, Schloß Charlottenburg

H. Börner: S. 193
Buga Cottbus 1995 GmbH: S. 114, 246, 248, 249
Irene Gahler: S. 2, 10, 175, 184, 206, 260
Landesbildstelle Berlin: S. 24, 32, 39, 42, 50, 55, 73, 107, 111, 116, 123, 126, 145, 168, 172, 177, 197, 201, 216, 222, 226, 231, 263, 283, 287, 292
Frank Odening: S. 22, 46, 59, 64, 68, 149, 152, 212, 241
Fürst Pückler Museum – Park und Schloß Branitz/ Ingrid Krüger: S. 208, 210
Götz Fischbeck: S. 141, 143, 252
Uwe Prell: S. 13, 20, 30, 35, 81, 96, 98, 109, 135, 146, 154, 156, 158, 159, 188, 218, 254, 257, 258, 266, 268, 271, 273, 278, 281
TLG Treuhand Liegenschaftsgesellschaft: S. 62
Ullstein Bilderdienst: S. 28 (Claudia Promnitz), 100 (Gabriele Fromm)
Umwelt- und Fremdenverkehrsamt „Märkische Schweiz": S. 236